SÉRIE TEORIA E PRÁTICA DAS ARTES VISUAIS

Artes visuais, história e sociedade:
diálogos entre a Europa e a América Latina

Katiucya Perigo

Rua Clara Vendramin, 58 · Mossunguê · CEP 81200-170 · Curitiba · PR · Brasil
Fone: (41) 2106-4170 · www.intersaberes.com · editora@intersaberes.com

Conselho editorial
Dr. Alexandre Coutinho Pagliarini
Drª Elena Godoy
Dr. Neri dos Santos
Dr. Ulf Gregor Baranow

Editora-chefe
Lindsay Azambuja

Gerente editorial
Ariadne Nunes Wenger

Assistente editorial
Daniela Viroli Pereira Pinto

Capa
Cynthia Burmester do Amaral
Sílvio Gabriel Spannenberg (*design*)
Roman Sigaev/Shutterstock (imagem)

Projeto gráfico
Conduta Design (*design*)
SuriyaPhoto/Shutterstock (imagem)

Diagramação
Conduta Design

Iconografia
Palavra Arteira

Dados Internacionais de Catalogação na Publicação (CIP)
(Câmara Brasileira do Livro, SP, Brasil)

Perigo, Katiucya
   Artes visuais, história e sociedade: diálogos entre a Europa e a América Latina/Katiucya Perigo. Curitiba: InterSaberes, 2016. (Série Teoria e Prática das Artes Visuais)

   Bibliografia.
   ISBN 978-85-5972-244-4

   1. Artes - América Latina 2. Artes - Estudo e ensino 3. Artes - Europa 4. Artes - História 5. Artes visuais e sociedade I. Título. II. Série.

16-08464   CDD-700.7

Índices para catálogo sistemático:
1. Artes: Estudo e ensino 700.7

1ª edição, 2016.

Foi feito o depósito legal.

Informamos que é de inteira responsabilidade das autoras a emissão de conceitos.

Nenhuma parte desta publicação poderá ser reproduzida por qualquer meio ou forma sem a prévia autorização da Editora InterSaberes.

A violação dos direitos autorais é crime estabelecido na Lei n. 9.610/1998 e punido pelo art. 184 do Código Penal.

Sumário

Apresentação — 13
Organização didático-pedagógica — 17

1 A arte antes da ideia atual de arte — 21
1.1 A escrita da história da arte — 24
1.2 O clássico e suas implicações — 28
1.3 Crença, arte e poder — 39

2 Arte como representação — 57
2.1 Renascimento — 60
2.2 Barroco — 70

3 Século XVIII e início do XIX — 83
3.1 A convivência entre as tendências classicistas e barrocas — 86
3.2 A América colonial e as formas de resistência — 93
3.3 Outras rotas de fuga — 101

4 A preparação do moderno — 115
4.1 Arte e sociedade na França oitocentista — 118
4.2 Esboços do Modernismo na América Latina — 126
4.3 Um precursor de valor inestimável e o primeiro movimento moderno — 131

5 Arte moderna — 147
5.1 *Hispanohablantes* na capital artística europeia — 149
5.2 A Grande Guerra — 159
5.3 Além dos limites da história da arte — 172

6 Arte contemporânea — 183
   6.1 Propostas transgressoras — 186
   6.2 Campo expandido — 192
   6.3 Arte e tecnologia — 197

Considerações finais — 209
Referências — 213
Bibliografia comentada — 221
Respostas — 223
Sobre a autora — 225

Dedico este livro aos meus alunos.

Agradeço aos mestres admiráveis que foram fundamentais na minha formação: Ana Maria Burmester e Fernando Bini. Também ao trio que gentilmente colaborou com a confecção da obra: Larissa Busnardo, Lílian Ávila e Maria Cristina Perigo.

"O fato de que por muito tempo o cubismo não foi compreendido e de que ainda hoje, haja quem não consiga ver nada nele não significa coisa alguma. Eu não leio inglês, um livro em inglês é um livro em branco pra mim. Isso não quer dizer que a língua inglesa não exista, e por que deveria eu culpar alguém, a não ser eu mesmo, se não posso compreender aquilo que não conheço?"

Pablo Picasso (1923, citado por Chipp, 1999, p. 268)

Apresentação

Depois de uns bons anos de trabalho na área da história da arte, fui convidada a escrever um livro para os alunos de graduação. Essa é uma tarefa instigante porque é uma oportunidade para que eu sintetize reflexões pelas quais tenho me interessado nesses anos de trabalho a respeito da arte.

Minha formação na área foi pautada por um percurso tradicional e cronológico da história da arte, o qual começa na arte pré-histórica, passa pela escola renascentista, pela arte moderna e termina na arte contemporânea. Contudo, há alguns anos, venho pensando a respeito da escrita da história da arte, preocupando-me sobretudo com o desafio do historiador da arte, que está sempre diante da tarefa de realizar uma seleção, e o que prevalece são as escolhas que ele faz.

Artistas que foram redescobertos ou que tiveram reconhecimento póstumo inspiraram o questionamento da parcialidade da história da arte. Conhecemos e admiramos *Almoço na relva*, de Édouard Manet (1832-1883), que está no Museu d'Orsay, em Paris, mas, na época de sua execução, a obra foi rejeitada. A principal vitrine da arte celebrou *O nascimento da Vênus*, de Alexandre Cabanel (1823-1889), como a obra mais destacada do ano, no entanto, hoje, Cabanel é um artista pouco conhecido, enquanto Manet é um ícone da história da arte, e *Almoço na relva* é seu quadro mais famoso. O episódio demonstra que nem sempre as instituições e as instâncias que consagram a obra de arte acertam. O trabalho do historiador torna-se, por isso, ainda mais complexo, já que existe o receio de errar.

Apesar de minha área de atuação exigir que eu transite com frequência por uma abordagem mais cronológica, o curto tempo para trabalhar com os estudantes esse imenso território da arte me leva a priorizar mais reflexões e menos datas e dados objetivos. Minha formação, as leituras dos livros consagrados de grandes historiadores e mesmo os museus que tenho visitado convidam sempre a uma abordagem conhecida, tradicional, conveniente, entretanto sinto uma urgência – diante de uma imensa profusão de estilos, escolas, movimentos, artistas, obras – em propor aos meus alunos uma reflexão minimamente essencial sobre cada agrupamento já existente de obras. Foi com esse espírito que procurei escrever este livro, que resulta de minhas pesquisas sobre a arte, da minha paixão por ensinar, do meu desejo em inspirar um novo pesquisador.

Os anos de academia também me deram outra lição importante que continuo a utilizar e que esboça resquícios na redação e na organização do texto que o leitor encontra neste livro. Trata-se do fato de que, muitas vezes, é preciso agrupar, compartimentar, seguir um caminho conhecido, seguro, didático, cumprindo tarefas exigidas, mas sempre tentei acrescentar algo que me satisfaça, que diga respeito ao meu querer, em meio àquilo que me é exigido. Já dizia Fernando Pessoa: "Sou o intervalo entre o que desejo ser e os outros me fizeram."

O texto, portanto, segue uma cronologia tradicional e conhecida, mas procura acrescentar questões relativas às culturas de outros povos, e não somente à eurocêntrica, dominante. É nesse sentido que procuro mesclar aspectos da história da arte europeia conhecida com pequenos percursos pela arte latino-americana.

Inicio apresentando reflexões sobre a historiografia da arte, a forma como a história da arte foi construída. Depois, sigo abordando a importância da tradição clássica e suas implicações no percurso da arte ocidental. Ainda aí, enfatizo a conexão entre crença, poder e arte. Essas três dimensões formam um grupo que nomeio de "Arte antes da ideia atual de Arte", visto que a noção de arte atual é construída após o Renascimento, ideia defendida pelo autor Hans Belting, que acredita que a arte, da forma como a entendemos, começou nesse período.

Em seguida, abordo questões relativas ao Renascimento e ao barroco, ambos pautados na ideia de *arte como representação*, uma ideia que provém de Aristóteles, a *mimese*, segundo a qual a função da arte é representar crenças, religiões, episódios históricos, grandes personagens da história, ou mesmo uma idealização, uma ficção. Tais questões foram levadas para as Américas, após o descobrimento, e se confrontaram com a arte produzida no Novo Mundo, que em nada se alinhava à que se desenvolvia na Europa do mesmo período. Continuando o percurso, passo para o século XVIII e início do século XIX, quando o fascínio pela arte clássica e seu desdobramento no Renascimento levou os artistas a priorizarem um trabalho de caráter eclético que buscava íntima conexão com a tradição. Ainda aí, menciono o transporte dessa postura para a América colonial. Em seguida, o propósito é mostrar como ocorreu a preparação para o surgimento da arte moderna, para então abordar propriamente questões relativas às vanguardas. Finalmente, a arte contemporânea encerra o percurso com suas propostas ousadas e intrigantes que levam à reflexão sobre o propósito atual da arte.

    Boa leitura!

Organização didático-pedagógica

Esta seção tem a finalidade de apresentar os recursos de aprendizagem utilizados no decorrer da obra, de modo a evidenciar os aspectos didático-pedagógicos que nortearam o planejamento do material e como o leitor pode tirar o melhor proveito dos conteúdos para seu aprendizado.

Introdução ao capítulo

Logo na abertura do capítulo, você é informado a respeito dos conteúdos que nele serão abordados, bem como dos objetivos que a autora pretende alcançar.

Síntese

Você conta, nesta seção, com um recurso que o instigará a fazer uma reflexão sobre os conteúdos estudados, de modo a contribuir para que as conclusões a que você chegou sejam reafirmadas ou redefinidas.

Atividades de autoavaliação

Com estas questões objetivas, você tem a oportunidade de verificar o grau de assimilação dos conceitos examinados, motivando-se a progredir em seus estudos e a se preparar para outras atividades avaliativas.

Atividades de aprendizagem

Aqui você dispõe de questões cujo objetivo é levá-lo a analisar criticamente determinado assunto e aproximar conhecimentos teóricos e práticos.

Bibliografia comentada

Nesta seção, você encontra comentários acerca de algumas obras de referência para o estudo dos temas examinados.

A arte antes da ideia atual de arte

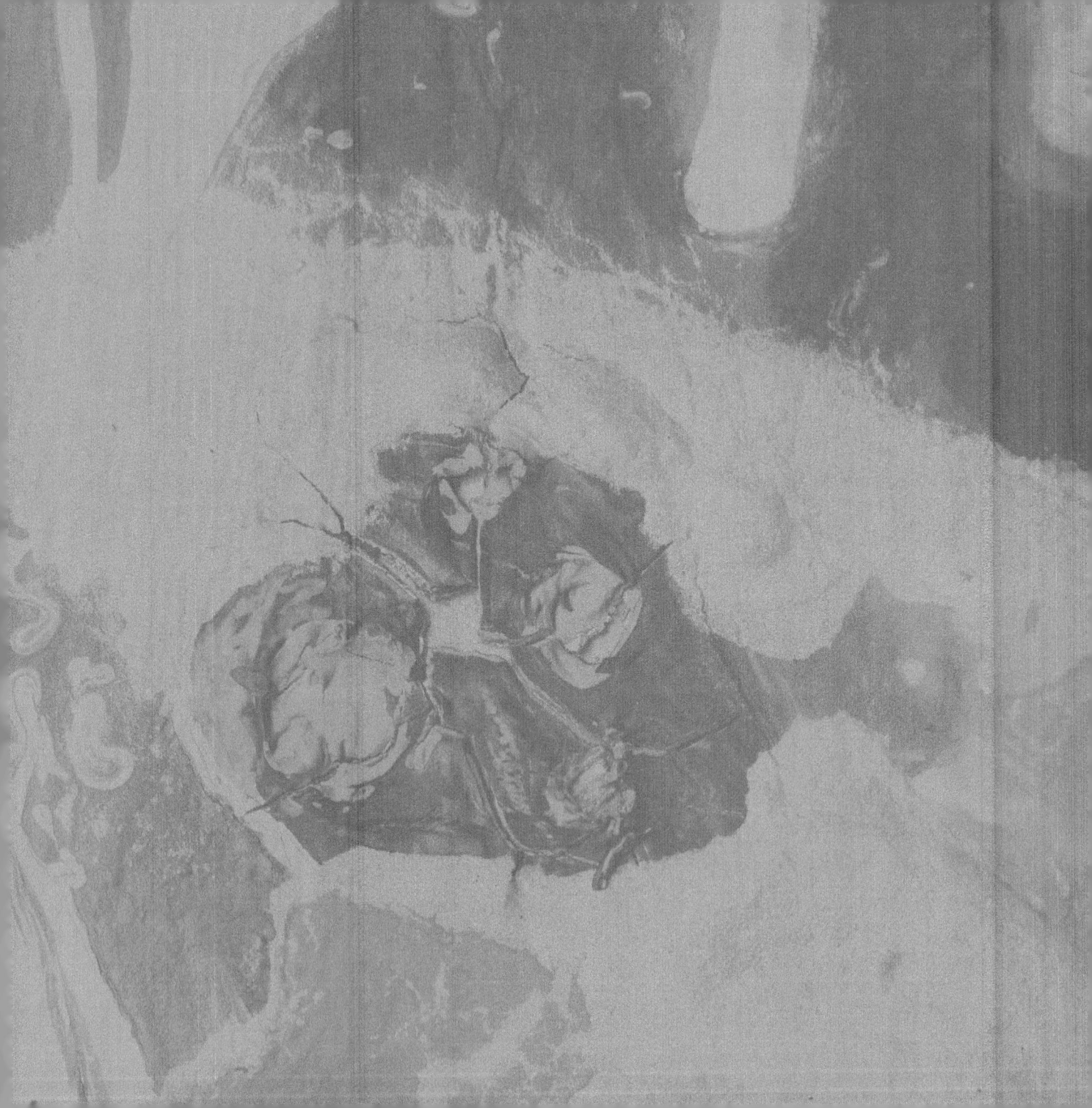

A ideia do que é aquilo que chamamos de *arte* não é clara nem concreta, principalmente porque os significados que envolvem esse conceito se modificaram no decorrer da história. Na primeira parte deste capítulo, apresentamos algumas reflexões sobre essa construção da história da arte, apontando alguns problemas e considerações sobre essa historiografia e propondo uma reflexão sobre a forma como nos relacionamos com a arte. Traçamos, em seguida, um breve panorama da arte da Antiguidade Clássica à Idade Média na Europa, fazendo também um paralelo com o mesmo período histórico na América Latina.

A segunda seção deste capítulo começa com uma reflexão sobre o fim da tradição na arte ocidental, tendo como base as contribuições do modernismo. O propósito é que essa reflexão seja uma introdução para, em seguida, analisarmos como teria começado essa tradição na arte da Antiguidade Clássica. Sobre tal período, analisamos, principalmente, o teatro e a escultura gregos, dos primórdios dessa civilização até o Período Helenístico. Por fim, concluímos com uma comparação entre a Antiguidade e a Idade Moderna a partir da ideia de *ilusão*. Procuramos, portanto, apontar como e onde teriam começado o assim chamado *ilusionismo europeu* e a noção do *belo*, que nortearam por tanto tempo o conceito de arte e que trouxeram algumas implicações importantes para compreender a escrita da história da arte.

Finalmente, tratamos sobre a questão histórica da relação entre a crença e o poder na arte. Essa terceira parte começa com a arte da América Pré-Colombiana, desenvolvida na misteriosa cidade de Teotihuacan, relacionando as práticas daquele povo e as relações de poder sugeridas por meio da arquitetura de suas pirâmides sagradas. Em paralelo, o capítulo termina com o Período Medieval na Europa, com a análise da arquitetura românica e gótica, por meio das quais a Igreja Católica afirmava seu poder, vindo, inclusive, a influenciar a arte ocidental por muitos séculos.

1.1 A escrita da história da arte

Desde meados do século XX, a historiografia tem repensado o papel do historiador e percebido o quão tendencioso e parcial esse pode ser. O debate acabou chegando ao âmbito da história da arte, que, igualmente, também tem sido autocrítica em relação a isso. Por se tratar de um livro que fala sobre a arte de um longo período, o melhor é apresentar de início um debate, ainda que de caráter introdutório, a fim de elucidar questões a respeito da escrita da história da arte. A ideia é a de que, no mínimo, você, leitor, possa ter um olhar menos ingênuo diante da profusão de escolas e movimentos que encontrará no decorrer do estudo.

1.1.1 Reflexões sobre a historiografia da arte

Nosso olhar é formado por meio da arte imposta pelas culturas hegemônicas. O fato de, durante muito tempo, o Brasil ter sido colônia de Portugal contribuiu para tal situação. Para exemplificar essa constatação, pensemos inicialmente sobre o quanto estamos acostumados à imagem da obra *A última ceia*, do artista renascentista Leonardo da Vinci (1452-1519). É uma cena já impregnada em nosso imaginário, reproduzida várias vezes e de inúmeras formas: uma grande mesa, Jesus no centro ladeado pelos 12 apóstolos, todos de frente para o observador. Da Vinci imortalizou a cena, que muito provavelmente não deve ter ocorrido da forma como foi representada pelo artista, mas certamente é ela que sempre nos vem à mente quando pensamos nesse episódio bíblico.

Figura 1.1 – *A última ceia*, de Leonardo da Vinci

DA VINCI, Leonardo. **A última ceia**. 1495-1498. 1 têmpera sobre reboco: color.; 460 cm × 880 cm. Refeitório do Mosteiro de Santa Maria delle Grazie, Milão, Itália.

Curiosamente, se apresentarmos uma reprodução de *A última ceia*, por exemplo, a uma remota tribo que vive hoje em estado civilizatório diferente do nosso, seus membros, muito provavelmente, não verão essa cena da mesma forma que a vemos. Talvez digam que se trata apenas de uma porção de pessoas reunidas para uma refeição. Isso nos leva a verificar que só se vê aquilo que se conhece. Os esquimós, por exemplo, conseguem distinguir inúmeros tons da cor branca, uma capacidade que não temos em nosso país tropical, o que nos permite concluir com Arheim (2002, p. 153-169) que "a imagem é determinada pela totalidade das experiências visuais que tivemos com aquele objeto, ou com aquele tipo de objeto durante toda a nossa vida."

Essa reflexão tem o objetivo de colocar em discussão o fato de que a história da arte é uma construção repleta de parcialidade. Muitos artistas importantes podem ter sido deixados de fora da história da arte que conhecemos, daquela que chega até nós por meio dos livros ou de exposições em galerias e museus. Nesse sentido, as obras consagradas pela história da arte são produtos de uma escolha – e toda escolha pressupõe que algo teve de ser descartado. Admiramos *A última ceia* porque acreditamos nela. O termo *acreditar* é aqui proposital, pois denota uma opinião que se adota com convicção diante de uma suposta verdade.

Nossa crença visual muda com o passar dos anos. Nem sempre apreciamos Van Gogh (1853-1890) ou Picasso (1881-1973): a empatia com tais artistas foi construída pouco a pouco, decorrente de um aprendizado. Outro exemplo para verificarmos a relatividade da crença na imagem é a importância que damos a uma fotografia de nosso avô, em um porta-retratos em nossa casa. Para alguém de fora, trata-se apenas de um bibelô, já que a pessoa em questão não tem a mesma relação que temos com a foto e isso faz com que não dê a ela a mesma importância que nós damos. Nossos laços afetivos com o bibelô o tornam extremamente valioso para nós.

1.1.2 Outra história possível

Regis Debray (1993), em *Vida e morte da imagem*, afirma que os pesquisadores construíram a história da arte supondo um percurso ideal em que a arte é atualizada a cada época. Tal suposição sugere uma ideia de evolução que é problemática. Ao supor que há uma evolução, poderíamos pensar que Picasso seria melhor do que Da Vinci, já que este último viveu no século XV, enquanto Picasso viveu no século XX. Contudo, sabemos que isso não é verdade, pois cada época tem seu tipo de imagem. Sabemos que a obra produzida por determinados artistas é a obra possível daquele tempo e lugar.

Há um trabalho produzido em 1964 pelo artista Andy Warhol que pode nos ajudar a exemplificar essa questão: o *Brillo Box*. Trata-se de uma caixa de sabão em pó inteiramente idêntica a outras caixas de sabão em pó encontradas nas prateleiras dos supermercados. A única diferença é que a caixa de Andy Warhol é feita de madeira, enquanto as do supermercado são de papelão.

> Você pode conferir a obra *Brillo Box*, de Andy Warhol em vários *sites* na internet. Entre eles, indicamos um endereço eletrônico para sua pesquisa:
>
> WARHOL, Andy. **Brillo Box**. 1964. Polímero sintético e serigrafia sobre madeira, 43,2 cm × 43,2 cm × 35,6 cm. Coleção particular. Disponível em: < https://www.philamuseum.org/collections/permanent/89204.html>. Acesso em: 31 out. 2016.

Em 1963, Andy Warhol já havia estampado, em um grande número de caixas de madeira, etiquetas de produtos de consumo famosos, criando fac-símiles dos originais. Entre eles destacam-se: sopa Campbell®, *ketchup* Heinz, sucrilhos Kellogg's®, caixas de sabão Brillo®. Esses trabalhos foram expostos na Stable Gallery, em Nova York, e ajudaram a promover Warhol, que logo se tornou um artista de sucesso.

O filósofo e crítico de arte Arthur Danto (2006) acreditava que, no início do século XX, não "veríamos" o *Brillo Box*, porque, para entendê-lo como arte, precisaríamos primeiro ter contato com a arte produzida até meados do século XX. Portanto, a existência do *Brillo Box* não seria possível em época anterior ou em outro lugar.

Na tentativa de encontrar uma forma didática de narrar um percurso da arte europeia, os historiadores usaram diferentes recursos. O italiano Luigi Lanzi (1732-1810), por exemplo, escolheu abordar a arte agrupando as obras produzidas em determinado território, como a Itália Setentrional. Por sua vez, o primeiro historiador da arte, Giorgio Vasari (1511-1574), debruçou-se sobre a biografia dos artistas e, por meio delas, contou a história da arte italiana ligada ao que chamamos de *Renascimento*. A subdivisão em escolas também foi largamente utilizada: escola renascentista, escola barroca etc. Mais recentemente, na arte moderna, a narrativa da história da arte girou em torno dos movimentos: futurista, cubista e assim por diante. Todas essas formas de abordar a arte são tentativas de agrupá-la em conjuntos mais ou menos coerentes. Segundo Pierre Francastel (1993), trata-se da construção de uma história da arte oficial, que fala daquilo que foi afirmado institucionalmente sobre o que existiu no nível dos grupos e das coletividades. O problema é que nenhum artista é inteiramente representativo de grupo algum.

Essas abordagens sempre pareceram muito eficientes e é com base nelas que a arte será tratada neste livro. Contudo, tomamos a liberdade de promover, sempre que possível, um diálogo com a arte das culturas não hegemônicas, principalmente a latino-americana, uma vez que sabemos que a Europa e os Estados Unidos julgam-se inovadores, capazes de determinar temporalidades e, ao mesmo tempo, veem os países periféricos como receptáculos de suas premissas. Entretanto, a arte latino-americana também é riquíssima, e seus artistas, bem como seus revolucionários, reúnem-se para dar respostas imediatas a situações contingenciais – para opinar, protestar, interferir nos processos sociais e políticos. Acreditamos que ela mereça um espaço mais digno, ainda que percebamos que, nas últimas décadas, a situação melhorou, pois já vemos artistas latino-americanos integrando destacadamente as grandes bienais e mostras internacionais, como a Documenta, de Kassel. Sensíveis a essa questão, acreditamos na possibilidade de repensar a história da arte e incluir nela a arte latina. (Morais, 1997, p. 12-20).

1.2 O clássico e suas implicações

Boa parte do olhar ocidental é construído tendo como base a arte clássica grega. É a ela que as obras de arte vindouras se referem, seja para afirmá-la, seja para revisitá-la, como no caso do Renascimento, seja até mesmo para negá-la. É difícil, portanto, que se produza arte no Ocidente sem que se faça, de alguma forma, referência a esse momento.

1.2.1 O fim da tradição

O pintor Paul Gauguin (1848-1903), em uma de suas cartas transcritas no livro *Teorias da arte moderna*, de Herschel Chipp (1913-1992), conta o que as mulheres dos funcionários europeus que trabalhavam em solo taitiano (local em que o pintor passou um bom tempo de sua vida) comentavam ao ver a arte taitiana: "É horrível! Selvageria!" (Chipp, 1999, p. 74-82). Esse episódio, narrado por Gauguin, pode servir como ponto de partida para tratar da temática em questão neste subcapítulo. Imaginemos um europeu do final do século XIX: seu olhar está habituado à arte de tradição ocidental, que tem suas raízes na Antiguidade Clássica, passa pela arte renascentista, chegando até as tendências acadêmicas e neoclássicas do século XIX. Na arte, esse indivíduo está acostumado a ver temáticas e formas de retratar que lhe são familiares, como os retratos idealizados das grandes personalidades, as belas paisagens, as naturezas-mortas, as cenas históricas, os temas religiosos. Esse sujeito, diante da arte produzida por sociedades tidas como *primitivas* (e que não tiveram contato com a tradição dessa arte ocidental), provavelmente vai reagir com repúdio.

> Em entrevista realizada pela revista *Planeta*, o fotógrafo Sebastião Salgado e sua esposa Lélia comentam sobre a Exposição Genesis:
> "Qual é o critério para escolher os lugares visitados no Genesis?
> Lélia: Fizemos pesquisas durante dois anos e elegemos 32 destinos. São lugares ainda puros, que não sofreram transformações. Procuramos animais selvagens, não domesticáveis, e comunidades que vivem de maneira original, distantes das sociedades de consumo em que vivemos. [...]
> Qual é a mensagem de Genesis?
> Sebastião: Gostaria que respeitassem o planeta, admirassem-no e compreendessem que também são parte dele." (Amorim, 2014).

Figura 1.2 – *Mulher de tribo mursi* (fotografia da Exposição Genesis), de Sebastião Salgado

SALGADO, Sebastião. **Mulher de tribo mursi** (Vale do Omo, Etiopia, 2007). 2013. 1 fotografia (reprodução). Exposição Gênesis. Jardim Botânico, Rio de Janeiro, Brasil.

O pintor Gauguin foi um artista que desejou justamente se desvencilhar da tradição da arte ocidental. Sentia-se, em dado momento da vida, entediado, desgostoso do chamado *progresso* que o cercava na França. Era um profissional do mundo dos negócios e, aos finais de semana, permitia-se produzir algumas telas. Pelo fato de seu chefe ser um apreciador de arte, acabou tendo contato com os impressionistas. Gauguin tinha família e uma vida que arriscaríamos chamar de *pequeno-burguesa*. Em determinada altura de sua trajetória, decidiu largar tudo e se dedicar exclusivamente à arte. As ilhas primitivas o fascinavam desde quando, com poucos anos de idade, viajou com a família da Europa para a América do Sul, local onde morava sua avó. Toda a experiência adquirida acabou se tornando presença constante em seu imaginário. Anos mais tarde, Gauguin partiu a caminho do Taiti, deixando a família na França.

Vejamos o que Duprat (2009, p. 104) comenta a respeito do autorretrato de Gauguin reproduzido na Figura 1.3:

> Este quadro de Gauguin corresponde à fase final da vida do artista, ele foi pintado um ano após seu retorno definitivo ao Taiti (isto porque ele ia e vinha da França.) O simbolismo desta obra revela a intenção de sua pintura madura de trazer à tona a realidade interior ao invés de representar o mundo externo. É a imagem de si. Nessa época o artista escreve uma carta para Daniel Monfreid: "Me sinto de tal forma desmoralizado, sem coragem que não creio que possam aparecer males piores." Ele estava abatido [...]. No fundo escuro, uma taitiana, que pode simbolizar a Madalena de Cristo, à esquerda o vulto de uma estátua primitiva [...]. O artista sintetiza a religiosidade cristã e o culto pagão.

Esse elemento, inclusive, é bastante simbólico quando pensamos no embate interno do artista, que oscilava entre Ocidente e Oriente. O título da tela é *Perto de Gólgota*, mas bem poderia ser *Calvário*, por um lado porque faz referência ao cristianismo e, por outro, porque é a evidência da consciência que o artista tinha de que estava próximo da morte.

Há quem diga que os artistas partem em busca do exotismo. No período romântico do século XIX, por exemplo, o artista Delacroix (1798-1863) viajou para a África a fim de retratar experiências com outras culturas. A diferença entre os dois é que Gauguin desejava viver como um primitivo, Delacroix não. As diferenças não param por aí: hoje, devido à globalização e ao fato de termos mais chances de conhecer outras culturas, incluindo as orientais, ao apreciarmos os trabalhos de Delacroix, imediatamente nos damos conta de que seus quadros são um retrato do Oriente a partir do ponto de vista de um europeu ocidental. O enquadramento, as cores que escolhe, o filtro acadêmico, o compromisso com a tradição da Antiguidade Clássica e com o Renascimento o levaram a produzir obras do ponto de vista europeu, ainda que retratasse o ambiente e os costumes orientais. Não fosse pela indumentária de uma cena em que ele retrata árabes e seus corcéis, diríamos que se trata de um local na Europa. Acreditamos, portanto, que ele retratou cenas do ponto de vista que lhe era mais familiar. Gauguin, ao contrário, não estava em busca do exotismo. Ele foi ao Taiti para explorar a si mesmo e viver como um primitivo, procurando um modo de vida simples, mais conectado

Figura 1.3 – *Autorretrato (Perto de Gólgota)*, de Paul Gauguin

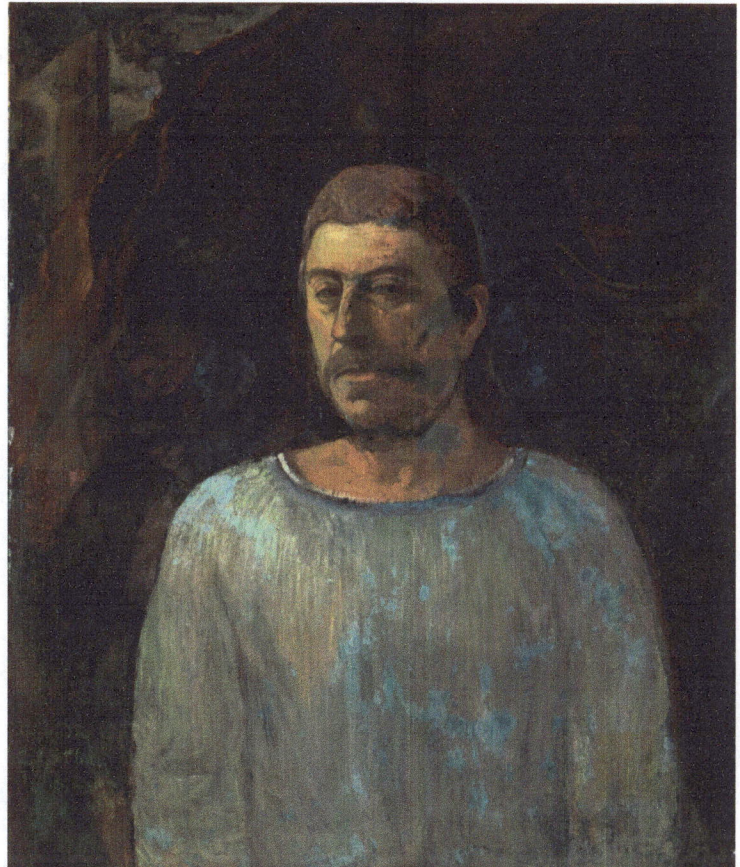

GAUGUIN, Paul. 1896. **Autorretrato (Perto de Gólgota)**. 1 óleo sobre tela: color.; 76 cm × 64 cm. Museu de Arte de São Paulo, São Paulo, Brasil.

com a natureza. Tentaria agora ver o mundo, não mais como um homem europeu, e sim com os olhos de um nativo taitiano. Esperava com isso que sua produção artística pudesse mudar de rumos, visto que pretendia deixar para trás algumas regras básicas da pintura ocidental, como a do uso da perspectiva.

> A academia em geral era o ambiente em que os artistas acadêmicos se profissionalizavam, seguindo um método artístico que mantinha o rigor formal por meio de desenho de observação, geometria e perspectiva, da cópia das grandes obras e da natureza. Houve várias academias de arte na Europa, desde o Renascimento. Podemos então dizer que o academicismo é uma forma de estudo do clássico, em que o artista partia de moldes e regras, utilizando conhecimentos técnicos para suas representações, valorizando a técnica e a estética tradicionais (Chilvers, 2007).

Parece-nos que, a partir desses episódios ilustrados pela história de Gauguin, há uma espécie de crise da cultura europeia. Isso se verifica quando artistas buscam novos valores fora de seus limites geográficos. Gauguin, por exemplo, julgou que seria mais profícuo se distanciar da sociedade moderna que colocava o pragmatismo acima de tudo.

Feita essa introdução, é chegada a hora de desviarmos a atenção da crise da tradição clássica exemplificada por Gauguin para compreendermos os primórdios do surgimento dessa tradição.

1.2.2 O início da tradição

O que chamamos de *arte da Antiguidade Clássica* está diretamente ligado ao povo grego. Quando dirigimos nosso olhar para essa época, imediatamente verificamos a predominância da escultura da figura humana como modalidade artística principal. Nela, os artistas alcançaram um altíssimo nível de sofisticação. Contudo, as primeiras esculturas gregas eram pouco elaboradas. Havia uma rigidez nas representações, o que dava a elas um aspecto pesado: os traços faciais eram pouco realistas e quase não havia sugestão de movimento. Frontalidade e simetria eram características frequentes. Com o passar do tempo, a escultura foi se tornando mais realista.

Por volta do século V a.C., Atenas se tornou a cidade mais importante da Grécia, berço da civilização ocidental e da democracia – e isso merece uma pequena reflexão para que compreendamos o percurso da arte grega no período. O sociólogo Arnold Hauser (2000) menciona que é bom atentar para o fato de Atenas ser governada em nome do povo, mas no espírito da nobreza. A mudança consistiu na substituição de uma aristocracia **de nascimento** por uma aristocracia **de dinheiro**. "Tratava-se de uma democracia imperialista, cuja política beneficiava os cidadãos livres e os capitalistas à custa de escravos e daqueles setores do povo que não compartilhavam dos lucros da guerra" (Hauser, 2000, p. 83). Atenas era, portanto, uma cidade muito rica e se desenvolvia surpreendentemente. Dessa forma, surgiram os primeiros mecenas, uma casta dominante que se dava ao luxo de pagar pela arte, artigo comumente considerado supérfluo desde o surgimento de nossa sociedade ocidental.

Também havia teatros em que eram encenadas as famosas tragédias, a arte mais característica da democracia ateniense: "Essas peças eram uma forma de permitir que o povo fugisse durante algumas horas à miséria da vida cotidiana e se entregasse a uma bela choradeira." (Hauser, 2000, p. 82-83, 100). As peças eram gratuitas, mas apenas o público seleto de cidadãos livres podia frequentá-las. Os tragediógrafos eram selecionados por meio de concursos pelo governo, ou seja, pela classe dominante, o que implicava um direcionamento evidente, uma censura.

Os principais grandes tragediógrafos foram Ésquilo, Sófocles e Eurípedes. Fatalidades em função da vontade divina, presença de maldições, predestinação dos deuses, finais tristes, exploração de lendas antigas e personagens como meros agentes de sentenças ditadas pelos deuses são todas características das primeiras tragédias. Sófocles (ca. 496-406 a.C.) foi contemporâneo de Ésquilo e criador da famosa peça *Édipo Rei*. A trama conta que Édipo, acreditando ser filho do Rei de Corinto, mata o próprio pai, o Rei de Tebas, e casa-se com a própria mãe. Quando descobre a verdade, cega os próprios olhos.

Figura 1.4 – Ruínas do Teatro de Delfos na Grécia

Nas artes visuais do Período Clássico, justamente o momento em que Atenas estava em seu auge, os artistas buscaram suprimir a estilização a favor de um naturalismo. Aprimorando as técnicas de trabalho, passaram a esculpir a partir da observação de um modelo vivo, na busca de um realismo exagerado. Há, portanto, uma grande preocupação formal visando ao alcance da beleza corporal, pois a arte gira em torno da figura humana, por isso são representados, sobretudo, atletas e figuras do politeísmo grego. Tal período é encarado como o mais importante da arte da Antiguidade Clássica.

No *Discóbolo*, de Míron, o artista tentou fixar o que há de transitório no movimento, a impressão causada pelo instante fugaz. Escolheu representar o instante mais tenso e concentrado da ação, o clímax,

Figura 1.5 – *Discóbolo*, de Míron

MÍRON. **Discóbolo**. 1 cópia romana em mármore: 1,55 cm de altura. Museu Britânico, Londres, Reino Unido (o original foi produzido em bronze em torno de 455 a.C.).

o exato instante em que o corpo se prepara para o lançamento do disco. Trata-se de uma das esculturas mais famosas da história. É tão importante que os pesquisadores se basearam nela para reconstituir essa modalidade de esporte olímpico. É um exemplo de arte como mimese, como representação, como imitação do real – e a representação tinha de ser correta, a qualquer preço. O filósofo grego Aristóteles via na mimese a representação do universo perceptível e, no drama, a imitação de uma ação. O pensador valorizava a arte como representação do mundo e tratou desses conceitos em seu mais conhecido trabalho, a *Poética*, referindo-se, sobretudo, à tragédia. Começa aqui a história do ilusionismo europeu.

Veja agora a *Vênus de Milo*, escultura produzida na Grécia antiga e que pertenceu, provavelmente, a um conjunto de Vênus e Cupido – estima-se que tenha sido produzida cerca de 200 a.C. O artista que a produziu aplicou as inovações e os métodos utilizados pelos artistas do período posterior ao Clássico: o Período Alexandrino ou Helenístico.

Figura 1.6 – *Vênus de Milo*

Vênus de Milo, ca. 200 a.C. 1 mármore: 2,02 m de altura. Museu do Louvre, Paris, França.

Na época, havia uma grande rivalidade entre os artistas. Cada qual esperava superar seu adversário para garantir mais encomendas. Dessa forma, o artista que ainda se baseava na observação do real para obter os efeitos desejados propunha-se, inclusive, a idealizar o modelo caso ele não fosse dotado de uma beleza impecável.

Vemos, assim, que a arte grega percorreu um fantástico caminho. Na *Vênus de Milo*, por exemplo, a rigidez das primeiras esculturas desapareceu. Sua postura é descontraída, insinuante, passando a impressão de um corpo cheio de vitalidade e beleza. Não existe corpo humano que seja tão simétrico, tão bem construído e belo como o das estátuas gregas do período. Tratava-se, pois, de uma idealização (Gombrich, 1999, p. 105).

A descoberta da fundição do bronze para a confecção das estátuas contribuiu para que elas tivessem ainda mais possibilidade de representar o movimento. Não haveria mais necessidade de se deixar a parte inferior da

Figura 1.7 – *Discóbolo* (detalhe), de Míron, enfatizando o pedestal e a estaca de apoio

MÍRON. **Discóbolo** (detalhe). 1 cópia romana em mármore: 1,55 m de altura. Museu Britânico, Londres, Reino Unido (o original foi produzido em bronze em torno de 455 a.C.).

escultura mais pesada, pois agora o bronze sustentaria todo e qualquer movimento realizado pela figura retratada – enquanto o mármore quebraria se a parte superior da estátua fosse pesada demais.

Sabendo que a fundição em bronze era tão importante para essas obras, certamente agora seria natural nos perguntarmos sobre o porquê de apresentarmos apenas esculturas em mármore, mesmo no período em que elas, em geral, eram feitas em bronze. Isso se deve ao fato de que, quando os gregos foram dominados pelos romanos, as esculturas em bronze foram derretidas para a confecção de armamento. Antes disso, felizmente, foram realizadas cópias em mármore, que geralmente são sustentadas por um pedestal (como no caso do *Discóbolo*), caso contrário, despencariam. A cópia da *Vênus de Milo* é um exemplo bem ilustrativo, uma vez que justamente pelo fato de ter sido confeccionada em mármore é que ela teria perdido seus braços ao longo do tempo.

1.2.3 A herança clássica

Desde os tempos dos antigos gregos, supõe-se que a arte seja uma imitação do real (em grego: *mímesis*). Ainda hoje poderíamos dizer que prevalece a ideia de que a arte deve imitar a realidade.

Gauguin, no fim do século XIX, já durante a época da arte moderna, pintou seu retrato com pinceladas mais soltas, descomprometidas e que aparecem como uma evidência de que aquela se tratava apenas, de fato, de uma pintura, uma vez que tal forma de pintar não era com as pinceladas mais lisas do Renascimento, por exemplo, que, de tão perfeitas, querem nos confundir, como se estivéssemos de fato vendo algo real, e não uma pintura.

Isso é o que podemos verificar quando comparamos esses detalhes das telas do modernista Gauguin e do pintor Da Vinci, do século XV, obras separadas por cerca de 400 anos. Tudo indica que Gauguin, como dissemos, ao contrário de Da Vinci, não disfarçava a pintura para que ela parecesse real. Devemos, é claro, levar em conta o estado de deterioração da obra de Da Vinci, que, mesmo conservada, exibe sinais de desgaste.

Portanto, a ideia de que a arte deve imitar a realidade começou a ser questionada na modernidade, embora ainda tenha seus defensores até mesmo no século XXI. No modernismo, "os antigos chavões, como *tema digno*, *composição equilibrada*, *desenho correto*, foram todos sepultados" (Gombrich, 1999, p. 522).

Figura 1.8 – *Autorretrato (Perto de Gólgota)* (detalhe), de Paul Gauguin

GAUGUIN, Paul. 1896. **Autorretrato (Perto de Gólgota)** (detalhe). 1 óleo sobre tela: color.; 76 cm × 64 cm. Museu de Arte de São Paulo. São Paulo, Brasil.

Figura 1.9 – *A última ceia* (detalhe), de Leonardo da Vinci, mostrando as mãos dos apóstolos no canto direito da obra

DA VINCI, Leonardo. **A última ceia** (detalhe). 1945-1498. 1 têmpera sobre reboco: color.; 460 cm × 880 cm. Refeitório do Mosteiro de Santa Maria delle Grazie, Milão, Itália.

1.3 Crença, arte e poder

Os governantes de diferentes épocas e em diferentes lugares acostumaram-se a subjugar os indivíduos que estiveram sob seu domínio utilizando-se de artifícios do mundo espiritual, da religião. Foi dessa forma que, muitas vezes, amedrontaram o povo com ameaças. Por sua vez, receoso de sofrer algum tipo de penalidade imposta por seres superiores, o povo deixou-se manobrar por aqueles que os governavam. Para incrementar suas estratégias, os líderes também fizeram da arte uma aliada, situação que largamente observamos ainda nos dias de hoje. Na arquitetura das igrejas, nas imagens, nos artefatos, nas decorações, figurativos ou abstratos, presentes em arquiteturas faraônicas, evidencia-se o propósito de envolver ainda mais o fiel. Tendo esse raciocínio por base, vamos nos deparar nos itens seguintes com dois estudos de caso que englobam o mesmo período histórico: a Europa medieval e a região que atualmente conhecemos como o México. Em ambos, veremos como ocorreu a parceria entre arte, governo e religião.

1.3.1 América Latina: Teotihuacan, a cidade dos deuses

Aproximadamente 50 anos depois de Roma dominar a Grécia, uma das culturas mais notáveis da América Pré-Colombiana surgiu no atual México. Acredita-se que a cidade tenha sido estabelecida em torno de 100 a.C. e seus principais monumentos construídos continuadamente até cerca de 250 d.C. Talvez o conjunto tenha sido o primeiro complexo urbano do Novo Mundo, que durou centenas de anos. Contudo, não sabemos, e talvez nunca saibamos, seu verdadeiro nome. Também não sabemos de onde se originou seu povo, que língua esses indivíduos falavam ou exatamente como e por que, no final do século VII, a cidade foi destruída.

Séculos mais tarde, os astecas a encontraram e a batizaram com o nome de Teotihuacan, o sítio arqueológico mais visitado no México e, por enquanto, o menos compreendido. Tem duas pirâmides, cujos nomes reais são desconhecidos para nós (provavelmente eram templos relacionados aos deuses daquele povo) e foram chamadas pelos astecas de *Pirâmide da Lua* e *Pirâmide do Sol*.

O sítio arqueológico de Teotihuacan está atualmente carregado de um simbolismo muito forte, pois foi o berço local de uma nova criação do tempo e da humanidade, segundo a mitologia mesoamericana. A comunidade que a fundou decidiu edificar em Teotihuacan uma cidade monumental oferecida aos deuses. Ao contrário das cidades construídas para os homens, essa residência divina foi edificada respeitando estritamente as regras de orientação astronômica, segundo as quais foi determinado o lugar preciso de cada monumento. Mais do que simples considerações da arquitetura ou de sobrevivência, foram esses imperativos cosmológicos, ligados aos mitos fundadores, que guiaram o traçado da cidade. Os gigantescos projetos de construção foram erguidos em uma dimensão nunca antes atingida nas outras cidades (Salles, 2008).

Entre 100 a.C. e cerca de VII e VIII d.C., Teotihuacan foi a principal metrópole da área mesoamericana, contando com um rico ecossistema. A cidade dos deuses se transformou na cidade dos homens. Havia um grupo dirigente carismático que utilizava seus conhecimentos para garantir controle absoluto sobre a cidade.

Figura 1.10 – A cidade antiga de Teotihuacan, no atual México; vista da entrada da Via dos Mortos a partir da Pirâmide da Lua

Figura 1.13 – *Estatueta hospedeira*, Teotihuacan

Estatueta hospedeira. ca. 500. Figura mostrando peito aberto com um ídolo pequeno no lugar do coração. Artefato cerâmico proveniente de Teotihuacan, México, civilização pré-colombiana. Teotihuacan, Museo Arqueologico di Teotihuacan, México.

Sabemos, inclusive, que lá houve uma prática extensa de sacrifícios humanos dedicados aos deuses, o que provavelmente era uma forma de manifestação da potência dos dirigentes, sugerindo um governo repressivo, que manipulava as práticas sagradas para afirmar seu poder político (Salles, 2008).

Em Teotihuacan, as pirâmides mais importantes – a Pirâmide do Sol e a Pirâmide da Lua – imitam o relevo das montanhas vizinhas. Todos os muros do local eram pintados de cores vivas e, nas construções oficiais, havia afrescos (pinturas que são realizadas quando a parede ainda está úmida da massa usada no acabamento) policromáticos, representando animais fantásticos e cenas rituais povoadas de personagens ricamente vestidos, acentuando a ostentação e a majestade desses locais (Salles, 2008).

Por volta do ano de 600, Teotihuacan teve um drástico despovoamento. Na tentativa de explicar essa crise, os arqueólogos levantaram várias hipóteses, entre elas o fato de que pode ter havido intensas revoltas internas, uma vez que, um tempo antes, as cidades que cercavam Teotihuacan cresceram em importância e competiram com a metrópole.

Algumas bloqueavam rotas de comércio e fragilizavam a economia, destruindo um dos fundamentos de seu poder. Além disso, cenas de guerras foram representadas em alguns afrescos. Essas imagens e vários vestígios de fortificações no centro da antiga cidade são provas de tensões internas: os camponeses deviam suportar uma elite governante cada vez mais exigente e onerosa. Contudo, ainda restam importantes questões a elucidar: nenhum aspecto da vida em Teotihuacan foi explicado plenamente e estima-se que apenas 10% da antiga cidade tenha sido escavada e descoberta (Salles, 2008).

Entre as milhares de estatuetas que encontramos por lá, a maioria modelada em argila, algumas representam imagens de divindades, outras representam pequenos personagens calvos em poses dinâmicas. Outras, ainda, são articuladas ou apresentam, em seu torso, outras figuras menores, como a estatueta *Figurilla huesped* ou, em tradução livre, *Estatueta hospedeira*.

Na parte interna do seu tórax de formato trapezoide, adere-se um pequeno indivíduo. Modelada em argila, a sugestão é de que a escultura retrata a criança no ventre da mãe, em uma clara alusão à fertilidade.

No *site* do Museu Nacional de Antropologia do México (www.mna.inah.gob.mx), é possível encontrar digitalizada uma parcela do acervo de arqueologia e etnografia da instituição, além da coleção completa dos anais publicados de 1877 a 1977. É uma coleção muito interessante e importante para conhecer melhor a arte primitiva da América Latina (MNA, 2016).

1.3.2 Na Europa, a dominação cristã: tempos conflituosos

A Europa medieval foi palco de grandes estilos de arte, entre os quais se destacam o românico e o gótico. O estilo românico teria acontecido principalmente entre os séculos XI e XII, e o gótico no século XIII. Os dois estilos apresentam características bem específicas e estão intrinsecamente ligados à religião, pois são facilmente identificáveis na arquitetura das igrejas e em mosaicos, afrescos, vitrais e esculturas nelas acoplados.

Após a queda do Império Romano, no século IV d.C., povos germânicos se instalaram nas províncias que, anteriormente, eram de domínio romano, de maneira que os universos culturais germânico e romano passaram a coexistir. Também nessa época, o imperador romano Constantino (272-337 d.C.) oficializou a religião cristã, pois ele se converteu ao cristianismo depois de um sonho na noite anterior a uma importante batalha, no qual ele foi alertado de que, estando protegido sob o símbolo da cruz, venceria. Por isso, mandou pintar cruzes nos armamentos de seu exército e acabou sendo vitorioso. A Igreja, com seus próprios interesses, entrou em cena e passou a exercer poder junto ao Estado.

Em seus primórdios, no entanto, a arte cristã era pouco elaborada e nela predominavam os afrescos retratando episódios bíblicos, com muita simbologia. Como se tratava de uma fase de perseguição aos cristãos, os fiéis se refugiavam em catacumbas subterrâneas e por lá faziam essas pinturas.

Quando a religião cristã foi oficializada, a arte difundida no Ocidente foi a românica, cujo nome, como podemos perceber, está relacionado a Roma. Para sua atuação, a Igreja começou a investir muito na construção de templos, catedrais e mosteiros, que não apenas transformaram a vida das cidades onde eram construídos, mas propagaram uma **nova forma** de ver e fazer arte. A arte que compunha o interior desses locais era produzida em conjunto por vários artistas, e a população tinha acesso a ela e às suas mensagens divinas sempre que ia à Igreja.

O monumento românico por excelência é a catedral. Na realidade, segundo Hauser (2000), raramente uma catedral românica é obra de uma só geração, uma vez que ela é uma experiência coletiva, pois a construção de um mosteiro mobilizava uma vasta gama de profissionais, durante muitos anos.

Podemos dizer que a arquitetura do estilo românico é **pesada**: as paredes das igrejas são grossas, as aberturas são bem raras e estreitas. Essa estrutura sugeria que a Igreja era como uma fortaleza, pois esse aspecto parecia oferecer ao cristão a proteção que ele buscava. Afinal de contas, até pouco tempo antes, ele havia sido muito perseguido e, para praticar sua fé com tranquilidade, precisava estar em um lugar em que sentisse muita segurança.

A Basílica de Saint-Sernin, em Toulouse, na França, é um belo exemplar românico. Para reforçar os frágeis telhados de madeira utilizados nas basílicas, os arquitetos se inspiraram nos arcos romanos, em que cada pedra era encaixada, formando as curvas e tornando o telhado mais forte. Para facilitar a iluminação interna, foi criado um artefato chamado *rosácea*, uma das primeiras formas de vitral com uma abertura que deixava a luz adentrar. Além da rosácea, as esculturas também aparecem como complemento da arquitetura nos pilares de sustentação. Quando vistas de cima, notamos que essas edificações geralmente eram feitas em forma de cruz: na intersecção, há uma torre, uma nave central e, nas laterais, duas naves menores. Na nave central, ficavam os sacerdotes que dirigiam a cerimônia enquanto os fiéis ficavam sentados. As naves laterais serviam para a passagem dos peregrinos que visitavam as igrejas que ficavam pelo caminho em busca das relíquias, fazendo sua peregrinação por vários locais, como em Santiago de Compostela.

Segundo Hauser (2000), todos os setores da vida dos fiéis tinham relação com a Igreja, que os amedrontava com pregações sobre o fim do mundo e o juízo final. A Igreja comandava reis e imperadores, organizava peregrinações e as famosas cruzadas, as quais surgiram em fins do século XI. Por meio dessas expedições de caráter militar, organizadas pela Igreja para combater os inimigos do cristianismo e libertar a Terra Santa, Jerusalém, das mãos dos infiéis, os povos cristãos teriam mais contato entre si. Graças a

Figura 1.12 – Basílica de Saint-Sernin, em Toulouse, França (construção românica de 1096)

doações, construíram-se grandes edificações, e a Igreja se tornou praticamente a única fonte de encomendas para as obras de arte, o que fez com que a arte agora fosse considerada uma extensão do serviço divino. O papa Gregório Magno declarou que a pintura poderia fazer pelo analfabeto o que a escrita fazia pelos que sabiam ler.

A cultura feudal anti-individualista da época favorecia o geral e agia tanto na arte quanto nos outros campos, empenhando-se em realizar uma representação do mundo em que tudo era estereotipado, repetitivo, desde as fisionomias até as roupagens. O estilo românico era uma arte exclusivamente interessada na expressão espiritual, cujas leis obedeciam à visão interior. Nos afrescos ou nos mosaicos, várias cenas ocorrem em um espaço muito peculiar, sem profundidade, sem luminosidade, sem perspectiva ou atmosfera, cujas figuras em relevo não têm peso nem sombra.

Gombrich (1999) faz uma curiosa comparação para que possamos compreender o uso dos estereótipos na arte românica: quando pedimos a músicos que toquem em um casamento, não esperamos que eles componham algo novo para a ocasião, mas que usem um repertório já conhecido. O mesmo acontecia com os mecenas medievais, que não esperavam invenções quando encomendavam pinturas sobre o nascimento de Jesus.

O artista medieval começava como um aprendiz, realizando uma parte secundária da pintura e copiando modelos estereotipados. Não tinha caderno de esboço, não fazia retratos fiéis e, se fosse o caso, escrevia o nome do retratado para não haver nenhum mal-entendido. Conhecia proporções, mas também não achava que as proporções humanas e as da natureza eram obrigatórias na obra de arte.

Segundo a tese de Hauser (2000), a cultura feudal anti-individualista é a maior responsável pelo surgimento dessa forma de arte, pois houve uma retração das atividades comerciais em função dos descaminhos da economia. A circulação de moedas diminuiu e a produção agrícola não passava de um caráter de subsistência.

Em conjunto com os povos germânicos, escravos e plebeus, compuseram uma classe campesina consolidada, que passou a ser a mais importante força de trabalho dos feudos, o qual, nesse momento, era realizado em regime de servidão. Um camponês estava preso ao feudo e devia fidelidade e obediência, além das obrigações pessoais ao senhor feudal, que muitas vezes era um rei, o qual, por sua vez, em sinal de devoção religiosa, doava terras para a Igreja, que acabou se tornando também uma grande senhora feudal.

> ### A literatura do período
>
> A obra *Decamerão*, de Giovanni Boccaccio (1313-1375), serviu, nos idos da Idade Média, para fixar o idioma italiano. O livro se desenvolve a partir do encontro, no ano de 1348, de sete moças e três rapazes que deixam a cidade de Florença para fugir da peste negra e se exilam, durante dez dias, em um castelo onde cada um reinaria por um dia, narrando dez contos, como uma forma de distração. Daí surge o título do livro, *Decamerão*, que em grego significa *dez dias*. A comicidade do livro assume um tom crítico típico da narrativa medieval e o resultado é um tipo de **comédia humana**, que destaca as virtudes e os vícios das pessoas. O quinto conto do sexto dia tem como protagonista o pintor Giotto (1266-1337), cujas pinturas Boccaccio tinha visto em Florença (Redação Bravo, 2011).
>
> Ainda que com alguma diferença temporal, outro livro clássico do período foi o do escritor espanhol Miguel de Cervantes (1547-1616) revolucionou a literatura ao utilizar a ironia e o humor em *Dom Quixote*, romance escrito em duas partes (1605-1615). A obra conta a história de um ingênuo nobre espanhol que lia com frequência livros de cavalaria. Acreditando fielmente no que lia, decide tornar-se um cavaleiro. Mundo afora, vai imaginando/alucinando, no decorrer de suas viagens, inúmeras aventuras e combates e, por meio de sua fértil imaginação, enfrenta situações penosas e ridículas. Seguem suas aventuras pitorescas seu cavalo Rocinante e seu fiel escudeiro Sancho Pança. Ao final do livro, Dom Quixote volta à razão, pois não há mais espaço, nos tempos modernos, para heróis (Santana, 2016).

1.3.3 Uma nova dinâmica: a mobilidade social e o gótico

No século XII, o românico foi sendo substituído por outro estilo artístico, chamado *gótico*. Trata-se, na realidade, de um nome depreciativo, empregado geralmente na arquitetura, mas usado também para referenciar a escultura e a pintura do mesmo estilo. A palavra *gótico* tem a ver com os godos, um povo bárbaro, mas o estilo artístico pouco herdou de sua cultura. O estilo aparece com muita força em localidades francesas, e podemos dizer que esse tipo de arte se manifestou muito nas catedrais, em uma mescla de elementos clássicos, bizantinos e bárbaros. As igrejas desse estilo eram bem altas e amplas, sugerindo uma espécie de tentativa de ascensão ao céu. Os arquitetos fizeram estudos para que as paredes grossas usadas nas igrejas românicas fossem eliminadas e desenvolveram uma nova forma de trabalhar com os arcos, colocando entre eles um material mais leve, como vidros coloridos. Com a utilização do vitral, aumentava-se a luminosidade das igrejas. Essa luminosidade colorida, projetada dentro da construção causava um aspecto mágico, sobrenatural (ver a Rosácea da Igreja de Saint-Chapelle, na Figura 1.15).

As colunas dessas catedrais são altas, são usados arcos com linhas transversais e arestas para maior sustentação. Há muitas aberturas, rosáceas, vitrais coloridos e predomínio de linhas verticais, frutos de cálculos minuciosos. Essas construções lembram

Figura 1.15 – Rosácea da Igreja de Saint-Chapelle, capela gótica construída no século XIII em Paris

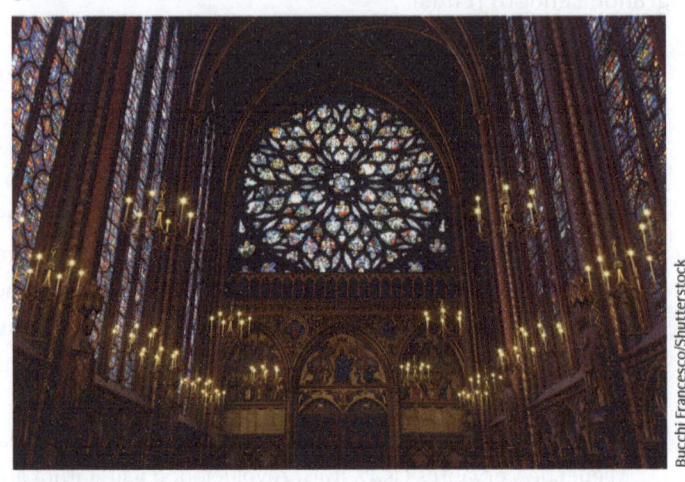

Figura 1.16 – Interior da Basílica de Saint-Sernin, em Toulouse, França

muito as esquadrias de aço que hoje são usadas em estufas para as plantas.

Para Hauser (2000), há uma grande mudança social no período, com o surgimento de dois novos grupos profissionais: os artesãos e os mercadores. O centro de gravidade da vida social transfere-se, mais uma vez, do campo para a cidade. A cidade é a fonte de todo estímulo, foco de todas as formas de comunicação. Até então, os mosteiros eram os principais pontos fixos em que se apoiavam os planos para uma viagem. Agora, a cidade era mais uma vez o lugar em que as pessoas se encontravam e entravam em contato com o mundo. O comércio ressurgiu, e o dinheiro se converteu na forma mais desejada de propriedade, servindo como base para transações bancárias de crédito e como meio universal de moeda de troca e pagamento. A mobilidade dos bens, a facilidade com que podiam ser trocados, negociados, acumulados, libertou cada vez mais os indivíduos de seu ambiente natural e da condição social em que tinham nascido. Agora podiam ascender mais facilmente de uma classe social para outra e sentiam crescente prazer em passar aos descendentes seus modos pessoais de

Figura 1.17 – Catedral gótica de Notre-Dame em Paris, na França, vista do Rio Sena (a) e fachada principal (b) (construção iniciada em 1163)

a)

b)

pensar e sentir. A aquisição do dinheiro ocorria devido à capacidade individual, à inteligência, ao senso de oportunidade, à obstinação. Logo, o prestígio social passou a variar conforme o montante de dinheiro que os indivíduos possuíam, não mais conforme o nascimento, a classe ou os privilégios.

Por sua vez, a arte das catedrais góticas, em contraste com a românica monástica e aristocrática, é uma arte burguesa urbana, no sentido de que os leigos assumiram uma participação crescente na construção das grandes catedrais. Em contraste com a estabilidade do começo da Idade Média, agora grande parte da população se encontrava em constante movimento: cavaleiros empreendiam peregrinações, mercadores viajavam de cidade em cidade, camponeses deixavam suas terras, artistas e artesãos andavam de canteiro em canteiro de obras, enquanto professores e homens de saber andavam de universidade em universidade. Em uma comparação entre os estilos gótico e românico, poderíamos dizer que a catedral românica é mais pesada, grave, solene, lembrando, a todo momento, ao pecador, as horas amargas da paixão de Cristo. Já a catedral gótica é mais leve, piedosa, apaixonada, lírica e entoa os cânticos da ressurreição.

Segundo Arnold Hauser (2000), a nova dinâmica medieval demonstrava que o homem percebeu, enfim, que a representação do estado de coisas verdadeiro devia estar em conformidade com as condições dadas na experiência empírica, ou seja, na experiência real.

Síntese

Na primeira parte deste capítulo, mostramos que a capacidade de ver a arte depende da percepção de nuances que são não só estéticas, mas também culturais, e que isso tem a ver com o que entendemos por *arte*. Observamos que existe uma construção da história da arte que acaba excluindo e generalizando, ou seja, descartando aquilo que não parece representativo da arte, de acordo com os padrões da historiografia. Essas estruturas são parciais, portanto, é necessário olhar de forma diferente para elas, percebendo que as questões não contempladas também são válidas e devem ser problematizadas.

Na segunda seção, fizemos uma comparação entre o olhar tradicional e o olhar moderno, por meio da análise da obra de Gauguin. Esse artista, de formação clássica, buscou em outra cultura, então repudiada por seus contemporâneos, uma resposta à crise dos paradigmas tradicionais europeus, algo vivido pelos modernistas em geral. Gauguin percebeu, na cultura taitiana, novas possibilidades a serem incorporadas em sua própria arte. Em um segundo momento da mesma seção, mostramos que a tradição questionada pelos modernistas – caracterizada em geral pela busca idealizada da beleza e pela imitação da realidade – iniciou-se com os gregos da Antiguidade Clássica, os quais tinham padrões estéticos bem definidos, algo que fica muito claro quando observamos esculturas do período helenístico. Esse conceito de arte foi, por muito tempo, entendido como o ideal.

A última seção mostrou que a arte pré-colombiana de Teotihuacan, com suas representações de poder e suas demonstrações de crença, aparecia nas construções e em esculturas de divindades, com simbologias nem sempre claras para os nossos olhos do século XXI. Em comparação com a cultura mesoamericana, indicamos que a arte medieval europeia, manifestada principalmente pelas arquiteturas gótica e românica, representava, por meio dessas construções monumentais, sólidas e adornadas com esculturas, afrescos, mosaicos ou vitrais, o poder da Igreja sobre seus seguidores – mais ou menos como já havia sido feito em Teotihuacan, entre cerca de 300 e 600 d.C.

Este capítulo, portanto, mostrou que, antes da ideia atual de arte, houve uma construção ou uma criação de padrões que perpassam toda a história da arte e que, em geral, são reproduzidos pela historiografia. A *crença visual*, portanto, foi aqui nosso assunto central: seja pelo tema religioso, dos deuses gregos às representações bíblicas, seja pelos padrões tradicionais que foram inventados, incondicionalmente aceitos e reproduzidos pela arte.

Atividades de autoavaliação

1. Assinale a alternativa correta:
    a) A arte medieval significou um período de trevas, um retrocesso da humanidade. Dessa forma, mereceria ser banida dos livros de história da arte.
    b) A principal temática da arte medieval era o nu. Telas encontradas por pesquisadores nas ruínas das casas de plebeus confirmam o fato.

c) O afresco era uma técnica de pintura utilizada largamente pelos artistas muçulmanos.

d) A maior parte da arte medieval europeia que chegou até nós esteve, em sua época, a serviço da Igreja. As histórias sagradas eram narradas para a maioria analfabeta do povo por meio de imagens.

2. São características que correspondem à arte medieval:
   I) Utilização da técnica da perspectiva para dar mais realismo aos quadros.
   II) Emprego de símbolos.
   III) Narrativa de cenas bíblicas.
   IV) O artista era visto como o genial criador da obra de arte, equiparando-se somente a Deus.

   Assinale a alternativa que contém as afirmações verdadeiras:

   a) I, III e IV.
   b) II e IV.
   c) II e III.
   d) Todas as afirmações estão corretas.

3. Sobre a arte da Antiguidade Clássica, assinale a alternativa **incorreta**:
   a) No Período Arcaico, as esculturas eram pouco realistas e quase não havia sugestão de movimento.
   b) No Período Clássico, os artistas passaram a esculpir a partir da observação de modelos vivos.
   c) Os tragediógrafos de Atenas eram totalmente livres para criar e produzir suas peças de teatro da forma que bem entendessem, sem intervenções.
   d) A descoberta da fundição do bronze colaborou para a confecção de estátuas gregas, pois permitiu a representação do movimento.

4. Assinale a alternativa correta:
   a) As igrejas do estilo gótico eram altas e amplas, seus arcos com linhas transversas eram leves e tinham vitrais coloridos.
   b) A arquitetura de estilo românico é leve, pois as paredes das igrejas são finas e os vitrais levam muita luminosidade para seu interior.

c) Durante o Helenismo, todas as representações eram estereotipadas, desde as fisionomias das figuras retratadas até suas roupagens.

d) Na Antiguidade Clássica, todos os modelos que posavam para os artistas tinham beleza impecável.

5. Indique se as afirmações a seguir sobre Teotihuacan são verdadeiras (V) ou falsas (F):

( ) A pintura era uma técnica artística desconhecida daquele povo.
( ) Costumavam esculpir pequenas estatuetas de seus deuses em argila.
( ) Todos os aspectos da cultura de Teotihuacan já foram elucidados.
( ) Paul Gauguin foi um importante artista de Teotihuacan.

Assinale a alternativa que corresponde à sequência obtida:

a) V, F, V, V.
b) F, V, F, F.
c) V, F, F, F.
d) F, V, V, F.

Atividades de aprendizagem

Questões para reflexão

1. Como surgiram os padrões tradicionais europeus de **ilusão** e **beleza** na arte? Justifique por meio da análise de duas obras: uma que segue e outra que resiste a esses padrões.

2. Para você, existe alguma relação entre as representações artísticas de Teotihuacan, da Grécia Antiga e da Idade Média europeia? Qual seria?

Atividade aplicada: prática

Todos conhecem bem a *A última ceia*, de Leonardo da Vinci. Será mesmo? Peça a seus conhecidos que descrevam os detalhes dessa pintura, sem vê-la. Anote os resultados e compare com a reprodução apresentada no início deste capítulo. Quantos dos entrevistados realmente já olharam para a obra? Quantos modificaram sua percepção sobre ela depois de comparar suas respostas com a reprodução?

Arte como representação

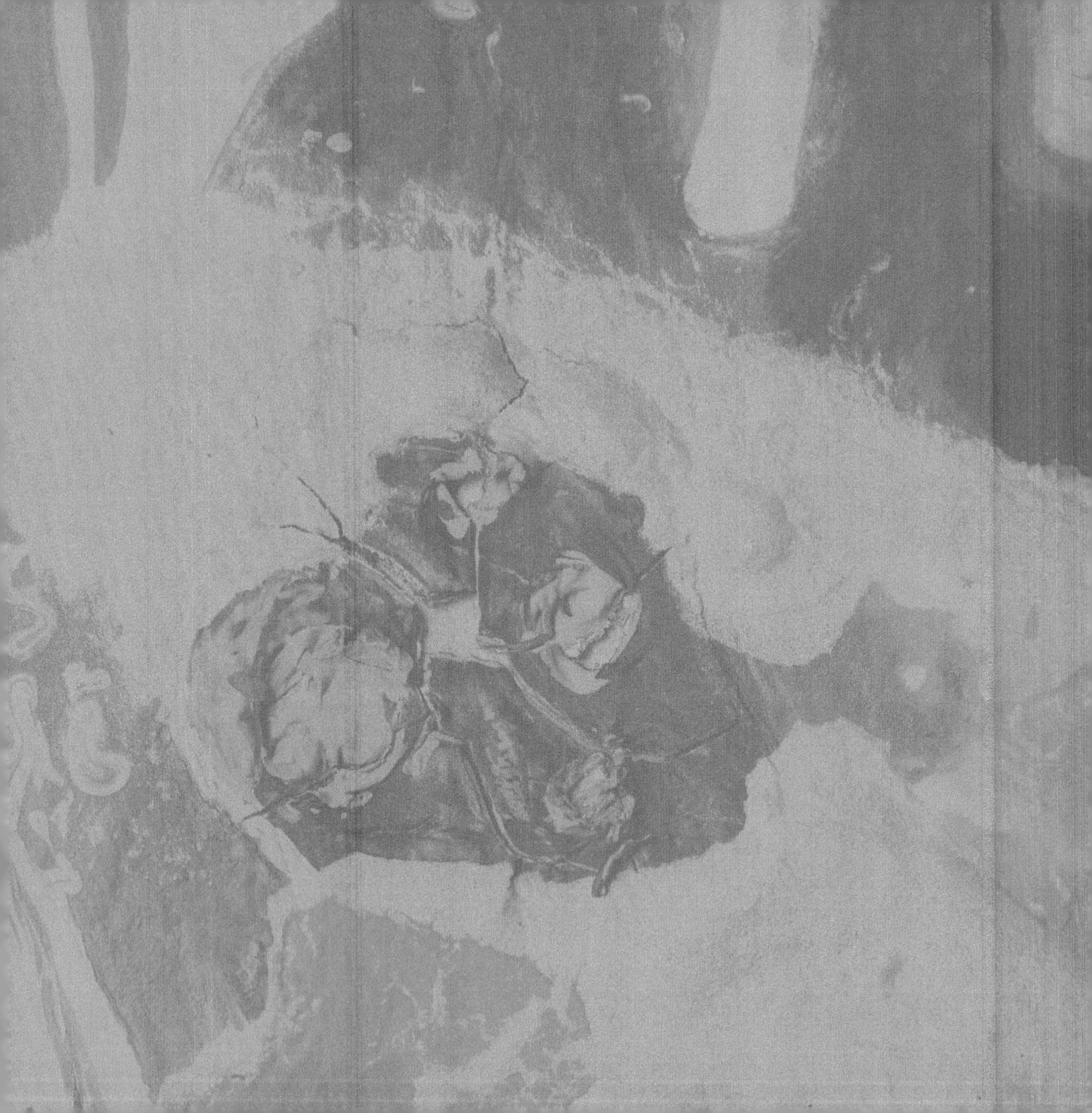

No século XV, pinturas como *A última ceia*, de Leonardo da Vinci (1452-1519), eram consideradas o máximo que se podia obter em efeito tridimensional. Isso porque, apesar de serem pinturas realizadas sobre um suporte que contava apenas com altura e largura (duas dimensões), graças a técnicas utilizadas pelos artistas da época, elas promoviam uma ilusão óptica, causando a impressão de que havia profundidade e volume. Quando um artista tenta representar algo real de três dimensões (a terceira dimensão seria o volume) por meio da pintura, ele apenas faz uma tradução do objeto real. "Se quisermos criar imagens sobre uma superfície plana, tudo o que podemos esperar fazer é realizar uma tradução – isto é, apresentar algumas das características estruturais essenciais do conceito visual por recursos bidimensionais." (Arnheim, 2002, p. 99). A ideia de que a arte tem a função de representar é reforçada desde os tempos dos antigos gregos. Desde lá, supõe-se que ela seja sempre uma imitação do real (em grego: *mímesis*).

Neste capítulo, que enfoca a arte como representação, tratamos de um importante período histórico, ocorrido entre os séculos XV e XVI. Para discutir a arte daquele momento, elegemos algumas obras que pudessem elucidar o propósito da criação artística em três regiões: a Itália, a Holanda e a América Latina.

Na seção em que tratamos do Renascimento, há um debate centrado nas rupturas e nas continuidades que podem ser observadas quando relacionamos a arte medieval e a arte renascentista. A observação de que houve, naquele contexto, uma predominância de obras de caráter religioso também provocou o estudo da arte religiosa asteca, pois tal tema se desenvolveu no Novo Mundo no mesmo período em que na Europa. Nessa seção, apresentamos ainda uma breve reflexão que tem o propósito de relacionar a arte e a ciência do período, fazendo menção às pesquisas de Da Vinci.

Na seção que aborda o barroco, elegemos o artista Peter Paul Rubens (1577-1640) para adentrar no universo da arte de cunho religioso e, em seguida, Rembrandt van Rijn (1606-1669) para mostrar como um artista daquele contexto poderia sobreviver em um país protestante em que não havia o interesse por obras de caráter religioso. Na última seção, fazemos uma breve menção ao barroco latino-americano que, como veremos, manteve estreitas relações com o estilo barroco europeu.

2.1 Renascimento

Em meados do século XV, surgiram as condições favoráveis para o aparecimento de artistas que fizeram uma parceria bem-sucedida com a ciência, revolucionando a arte e deixando o povo boquiaberto com sua habilidade para a representação fiel da natureza. Além da função religiosa, a arte passou a ser destinada principalmente ao deleite do observador. Esse quadro observado na Europa é justaposto à narrativa sobre uma civilização cujo estágio de desenvolvimento surpreendeu os navegantes europeus que haviam acabado de conhecer a civilização asteca cuja capital foi chamada por eles de *Veneza do Novo Mundo*.

2.1.1 Rupturas e continuidades

O primeiro artista a apresentarmos aqui é o florentino Giotto di Bondone (1267-1337), cujas datas de nascimento e de morte poderiam até indicar que ele foi um medievalista, contudo o artista curiosamente também pode ser considerado um pintor da Renascença, uma vez que antecipou, em alguns anos, problemas artísticos que seriam próprios da arte renascentista. Um precursor, portanto, é aquele que tem uma ousadia incomparável, já que é o primeiro a se arriscar em um novo terreno.

A Idade Média exibe este título por ter sido um período intermediário entre a Antiguidade Clássica e o Renascimento. Dizia-se que a Idade Média fora uma época dominada por povos bárbaros, e que seriam eles os culpados pela destruição do Império Romano. Por esse motivo, a Idade Média ficou também conhecida como Idade das Trevas. É bom lembrar que essa classificação é produto de um olhar **posterior** lançado sobre o período. De acordo com Motta Pessanha (1985), em "Humanismo e pintura", os iluministas liberais do século XVIII viram a passagem da Idade Média para a Renascença como a passagem das trevas para a luz. Assim, afirmaram rupturas onde persiste a continuidade.

Como a maioria dos artistas medievais, Giotto pintava afrescos de temática religiosa para a Igreja. Contudo, ele ambicionou que, além de familiarizar as pessoas que não eram alfabetizadas com as histórias bíblicas, como era costume entre seus colegas artistas, suas cenas também poderiam exibir mais realismo em relação ao que se produzia na época.

O artista queria que os santos retratados fossem mais maciços e que os tecidos que cobriam seus corpos tivessem mais leveza. Além disso, objetivava demonstrar profundidade

Figura 2.1 – *A lamentação sobre o corpo de Jesus morto*, de Giotto

GIOTTO, **A lamentação sobre o corpo de Jesus morto**. 1303-1305. 1 afresco: color.; 1,85 m × 2 m. Capela de Scrovegni, Pádua, Itália.

no espaço da pintura. Em resumo, queria dar mais veracidade e dramaticidade à cena. Para isso, ele possivelmente se baseava na observação de esculturas góticas, as quais, em comparação a outras esculturas do período românico, eram mais realistas. Em meio ao povo florentino, costumava-se ouvir exaltações a respeito de Giotto: "Ele é tão bom quanto os antigos", provavelmente diziam (Gombrich, 1999, p. 201-205).

A respeito disso, o caso do artista Fra Angélico (1395-1455) é também exemplar: ele foi um artista renascentista que aplicou novos métodos de representação para expressar ideias tradicionais da arte religiosa. Ele não tinha dificuldades com o uso da perspectiva, mas não aderiu completamente à novidade, ou seja, utilizava o novo sem alterar o espírito antigo.

Figura 2.2 – *A Anunciação*, de Fra Angélico

ANGÉLICO, Fra. **A Anunciação**. Dc. 1430. 1 têmpera sobre madeira: color.; 154 cm × 194 cm. Museo del Prado, Madri, Espanha.

A arte de Fra Angélico mescla elementos góticos e renascentistas, demonstrando que não há rupturas tão radicais na passagem de um estilo a outro. Nesse trabalho, em que representou *A anunciação*, por exemplo, esse artista utilizou a técnica da perspectiva, apesar de ela não ser seu elemento principal. O mais importante para ele era certamente a mensagem religiosa: a utilização da rajada de luz que se projeta em Maria contribui para enfatizar qual seria seu maior interesse com a obra. Contudo, o uso da perspectiva, na representação da arquitetura, e as vestes do anjo, meticulosamente trabalhadas no drapeado, são evidências de que houve, sim, uma tentativa de ser mais realista do que os artistas que representaram a mesma passagem bíblica na Idade Média.

> Durante a primeira metade do século XV, o arquiteto Filippo Brunelleschi (1377-1446) formulou as regras da perspectiva, as quais Leon Battista Alberti (1404-1472) posteriormente divulgou em seu tratado *Sobre pintura* (ou *Da Pintura*). O principal benefício dessa técnica é que a arquitetura pôde ser representada de modo mais convincente. Há influência dela no cenário representado por Fra Angélico, que pintou *A Anunciação* dez anos após a publicação do texto de Alberti (Woodford, 1987, p. 83-84).

2.1.2 Ciência e arte

A principal novidade na Renascença é que ela marca o início da discussão sobre os critérios segundo os quais a realidade pode ser registrada e analisada. Durante esse período, a arte se converteu em um grande estudo da natureza, e o simbolismo metafísico religioso recuou, dando lugar à representação do mundo empírico, ou seja, o mundo espiritual deu lugar ao mundo real como tema artístico, pois a sociedade e a economia foram se emancipando dos grilhões da Igreja e, com isso, a arte pôde tornar-se uma representação da realidade imediata.

Exemplo disso é o caso de Da Vinci, que queria fundamentar cientificamente sua arte. Para termos uma ideia, as expressões de suas figuras têm por base estudos da musculatura facial. O enigmático sorriso de *Mona Lisa*, por exemplo, está sustentado por músculos minimamente investigados. Uma história interessante sobre essa característica foi contada por Laurent Vissière (S.d.), na revista *História Viva*: certa vez, Da Vinci quis construir um cavalo de bronze monumental para o mecenas Ludovico Sforza. Para tanto, o artista estudou a anatomia do cavalo: tornou-se um visitante habitual dos estábulos locais e passou a dissecar cadáveres de cavalos para compreender melhor a mecânica interna dos animais. O cavalo nunca chegou a ser efetivamente construído em bronze, contudo, o método de Da Vinci ilustra muito bem a postura naturalista da época.

Figura 2.3 – *Estudo dos quadris do cavalo*, de Leonardo da Vinci

Figura 2.4 – *Desenho de ossos, músculos e tendões da mão*, de Leonardo da Vinci

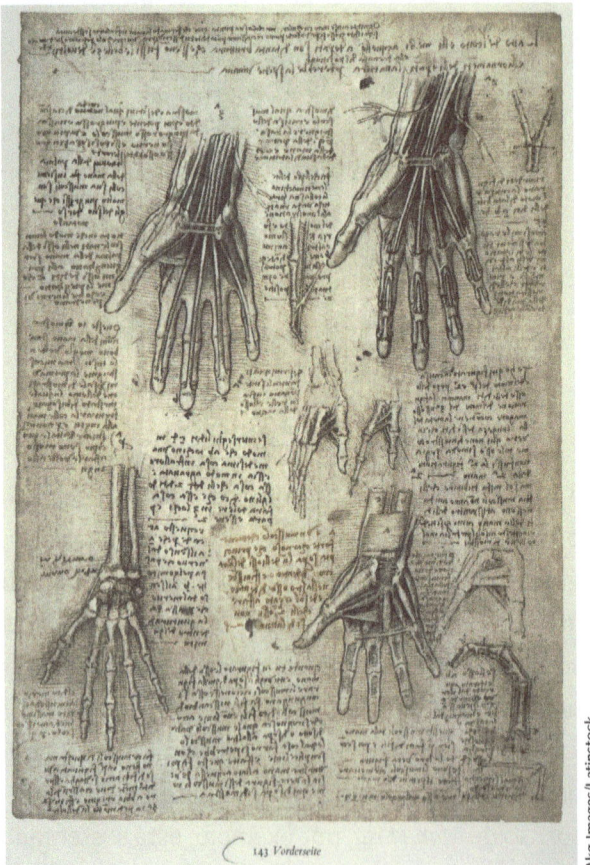

DA VINCI, Leonardo. **Estudo dos quadris do cavalo**. 1 desenho. Biblioteca Reale, Turin, Itália.

DA VINCI, Leonardo. **Desenho de ossos, músculos e tendões da mão**. 1510. 1 desenho. The Royal Collection.

> Da Vinci usa técnicas de visualização como a separação em planos ou a "vista explodida" [um tipo de diagrama técnico que mostra uma sequência das peças que compõem qualquer conjunto] para mostrar claramente todos os elementos anatômicos (Axt, 2012).

Consideramos ainda válido reforçar que a Renascença foi o momento em que surgiram importantes cientistas, como Nicolau Copérnico (1473-1543) e Galileu Galilei (1564-1642). Copérnico descobriu que a Terra girava em torno do Sol e que, portanto, é apenas parte do sistema solar – como um grande mecanismo de relógio. Galileu, por sua vez, conseguiu comprovar os movimentos dos astros porque aperfeiçoou um importante instrumento de investigação: a luneta. Esses cientistas marcam um extraordinário momento da história, em que o homem buscava, por meio da razão e da experimentação, formas de sanar suas dúvidas quanto à natureza. A Igreja, portanto, foi perdendo lentamente a supremacia de que gozava como esclarecedora dessas questões.

2.1.3 América Latina: uma arte monumental do lado oposto do oceano

Nos mesmos anos em que floresceu o Renascimento na Europa, do outro lado do oceano, um povo latino-americano, impressionantemente civilizado, esculpia, de uma só pedra, um grande templo religioso. Não sabemos os nomes dos artistas – para nós, eles são anônimos. Ao contrário da supervalorização daqueles que conhecemos como os singulares e geniais criadores das obras da arte renascentista, os nomes dos artistas desse povo não ficaram para a posteridade. Trata-se da famosa tribo Asteca (Construindo..., 2006).

Os astecas produziram a tecnologia mais importante e impressionante que poderia ter sido construída nas condições e no momento histórico em que viveram. Eles foram, inclusive, comparados ao povo greco-romano. Aquedutos, palácios, templos e pirâmides foram obras da sua engenharia. A mais importante obra dos astecas foi sua capital, que, ao ser avistada pelos europeus pela primeira vez, foi apelidada de *Veneza do Novo Mundo* (Construindo..., 2006).

Mas, voltemos um pouco no tempo, para o momento em que o Império Asteca se formou. Aproximadamente nos mesmos anos em que o grande artista Giotto di Bondone era admirado pelos italianos (ca. 1325), os astecas se hospedaram junto a outra tribo da região central do México, perto da moderna Cidade do México. Em certo momento daquele ano, uma jovem da tribo que os hospedava se casaria com um jovem da tribo asteca. Contudo, em um ritual realizado pouco antes da cerimônia, os astecas sacrificaram a jovem no intuito de agradar aos deuses, um hábito ligado às suas crenças. Movida pela ira, a tribo anfitriã decidiu dizimá-los. Muitos astecas conseguiram fugir. Mesmo perseguidos, procuram um local para começar vida nova: chegaram a uma ilha pantanosa e pouco acolhedora no Vale Texcoco (hoje transformado na grande Cidade do México). Lá, os astecas se estabeleceram e construíram o maior império que se viu na época. O assassinato, portanto, marcou não somente o lugar onde os astecas se estabeleceriam, mas o início de um grande império. Perto dali, havia ruínas de templos de um local sagrado que se chamava *Teotihuacan*. Na ocasião, as ruínas inspiraram a construção da grande metrópole flutuante sobre as águas: Tenochtitlán, a capital do império asteca (Construindo..., 2006).

Os astecas fizeram uma grande ponte para trafegar e muitas fundações fortes para sustentar a cidade e suas numerosas e pesadas construções. Mas vamos agora nos ater a uma obra em especial do povo asteca, o Templo de Malinalco. O edifício, que foi terminado pelo Rei Montezuma II logo após sua coroação em 1502, é um dos seis templos astecas da região e fica a poucas horas da atual Cidade do México (Construindo..., 2006).

A entrada do templo é a boca de uma enorme serpente, cuja língua é projetada para fora do templo, estendida no chão. Na lateral do templo, outra serpente menor é dominada por um guerreiro, somente sugerido pela presença dos pés, já que o corpo foi destruído. Há sinuosidades e riqueza nos detalhes esculpidos na rocha.

No interior do templo visto de cima, há um muro baixo e circular, com uma espécie de banqueta em formato de águia no centro, a qual é ladeada por outras duas águias. Na sua retaguarda, eleva-se um jaguar do qual se vê a cabeça e as quatro patas: o jaguar representa o deus da noite, e a águia, o

Figura 2.5 – Templo principal de Malinalco, sítio arqueológico no México

deus Sol. Essa edificação é conhecida como o Templo das Águias e dos Tigres, dedicado aos guerreiros, que se dividiam entre **guerreiros jaguar** e **guerreiros águia**. Os guerreiros se paramentavam com esplendor para as guerras, comumente vestindo-se de animais. O templo era um lugar de oferendas, onde os soldados derramavam um pouco de seu sangue – no recipiente atrás do banco da águia – para se fortalecer com a bênção dos deuses.

Figura 2.6 – Escultura de um felino, o guardião do Templo de Malinalco

Malinalco foi o único templo em todo o hemisfério ocidental a ser construído a partir de uma rocha. É interessante notar que a construção do templo aconteceu na mesma época em que o artista renascentista Michelangelo (1475-1564) fez uma de suas mais famosas obras renascentistas, em Florença. Entre 1501 e 1504, Michelangelo esculpiu, também em uma única rocha, o *Davi* (Construindo..., 2006). O enorme bloco chegou à cidade por volta de 1463 e seria esculpido por outro artista, que acabou morrendo, por isso Michelangelo foi chamado para realizar o trabalho. Assim, a administração da Catedral de Florença o contratou para construir um gigante colossal destinado a decorar a parte externa da catedral da cidade. (Michelangelo, 2011).

Na escultura de mais de 4 metros, Michelangelo escolheu retratar o instante de tensão em que o jovem Davi espera o momento de usar sua arma e encara Golias. A obra, que faz alusão à arte clássica, exibindo perfeito conhecimento de anatomia, acabou não sendo colocada na catedral, mas na Piazza dela Signoria e se tornou símbolo do sucesso da luta do jovem fraco, porém justo, contra o inimigo (Michelangelo, 2011).

Figura 2.7 – *Davi*, **de Michelangelo**

MICHELANGELO. **Davi**. 1501-1504. 1 mármore: 4,34 m de altura. Galleria dell'Academia, Florença, Itália.

2.2 Barroco

O barroco apresenta características próprias em diferentes localidades. É uma escola artística que se desenvolveu durante o século XVII e manteve conexões estreitas com dois importantes momentos da história ocidental: a Reforma protestante e a Contrarreforma católica. Nos países protestantes, por exemplo, onde já não era possível que o artista tratasse da temática religiosa, como acontecia nos países que se mantiveram sob o domínio da Igreja Católica, uma opção era ser retratista.

Esse momento histórico, coincidente com a colonização do Novo Mundo, revela como a arte contribuiu para a ação catequizadora da Igreja Católica nas colônias espanholas e portuguesas da América Latina.

2.2.1 O barroco católico

Podemos dizer que a arte mais destacada desde a era medieval até o século XVII – ou, ao menos, a que restou para compor a história de diferentes povos, como os europeus e os americanos – tem caráter religioso. Acompanhemos como se desenvolveu a arte cristã na Europa seiscentista.

Em 1545, a Igreja Católica convocou o famoso Concílio de Trento para estabelecer as diretrizes da Contrarreforma, uma reação da Igreja Católica contra a Reforma protestante, encabeçada por Martinho Lutero (1483-1546). Entre as acusações de Lutero contra a Igreja estava o gasto desmedido com obras de arte. Na Contrarreforma, ficou estabelecido que a Igreja Católica abriria mão dos territórios já amplamente conquistados pelo protestantismo e investiria magistralmente naqueles que ainda estavam sob seu domínio, e a arte teve um papel fundamental nessa decisão, pois agora o investimento nela seria ainda mais ostensivo.

> Segundo Heinrich Wölfflin (1864-1945), um historiador da arte que refletiu muito acerca da ideia de *estilo*, a transição do Renascimento para o Barroco é bem ilustrativa da ideia de que o espírito de uma nova época exige uma nova forma. Para ele, "o barroco emprega o mesmo sitema de formas do Renascimento, mas, no lugar da busca do perfeito, do completo, oferece o agitado, o mutável. Em lugar do limitado e concebível, oferece o ilimitado, o colossal." (Wölfflin, 2006, p. 12). As massas antes pesadas e pouco articuladas agora entravam em movimento.

De acordo com Hauser (2000), o barroco foi visto durante muito tempo com maus olhos. Contudo, no fim do século XIX, ele teria sido redescoberto e revalorizado. A palavra *barroco* significa *pérola negra de formato irregular* e foi associada ao estilo justamente por tais características. Era, portanto, julgado de forma pejorativa. Hauser (2000) menciona ainda que, depois de um estilo muito rígido na arte, costuma-se seguir um mais despojado, mais alegre, tal como o barroco.

A questão religiosa cumpriu papel importante nas singularidades observadas nos artistas barrocos. Para Hauser (2000), tivemos um barroco católico, palaciano, monumental e decorativo, representado por Peter Paul Rubens (1577-1640), e um barroco protestante da classe média, representado por Rembrandt van Rijn (1606-1669). A diferença entre as suas obras é gritante.

O flamengo Rubens é um artista cujas obras apresentam a característica mais conhecida do barroco: o efeito monumental decorativo. Ele chegou a Roma em 1600, com 23 anos de idade, e lá desenvolveu predileção por telas gigantescas para decorar palácios e igrejas. Na pintura *A virgem e o menino entronizado com santos* (Figura 2.8), anjos e santos ladeiam a virgem e há luz e muito movimento. As figuras (no caso, a série de santos), com muita expressividade corporal e gestual, aglomeram-se ao redor da virgem como se tivessem sido fotografadas. O artista pretendia retratar o momento fugaz de um movimento: os contornos não são tão nítidos e a cena parece querer continuar para fora do quadro.

Os santos reúnem-se todos ao redor do grandioso trono da virgem, em uma aglomeração festiva. São Jorge (do lado esquerdo inferior, acima do Dragão) conversa com São Sebastião (que porta as flechas) enquanto São Lourenço (de costas, no lado oposto), abaixado, segura com a mão direita a grelha onde foi sacrificado. Uma menina ajudada por um anjo ajoelha-se para receber um anel do menino Jesus. São Pedro e São Paulo, ambos respectivamente com a chave e a espada, olham a cena, situados à esquerda do leitor, no canto superior. Anjos descem do céu para colocar uma coroa de louros na virgem. A atmosfera é extremamente festiva. Consta que Santa Catarina teria tido essa visão e que, naquele momento, decidiu se tornar "noiva de Cristo" (Gombrich, 1999, p. 397-398).

Trabalhos como esse, com tanta riqueza de detalhes, justificam o fato de Rubens ter sido um artista tão solicitado em sua época. Há registros de que ele manteve, por muitos anos, um grande ateliê com muitos ajudantes e, ainda assim, quase não dava conta de atender a todas as encomendas.

Figura 2.8 – *A virgem e o menino entronizado com santos*, de Peter Paul Rubens

RUBENS, Peter Paul. **A virgem e o menino entronizado com santos**. 1627-1628. Esboço para um grande altar. 1 óleo sobre madeira: color.; 80,2 cm × 55,5 cm. Berlim, Alemanha.

2.2.2 O barroco protestante

A Contrarreforma estabeleceu que as regiões em que houvesse predomínio do protestantismo fossem abandonadas pela Igreja Católica. Foi nesse contexto, na Holanda protestantista do século XVII, que floresceu Rembrandt, artista que pintava temas não religiosos e uma série de autorretratos. O efeito de luz provocado pelo uso que o artista faz do claro-escuro é surpreendente.

Em *Retrato de jovem com corrente de ouro*, de Rembrandt, o modelo olha para o observador, e sua expressão facial sugere tratar-se de um indivíduo reservado e melancólico. Minuciosamente trabalhado, o modelo se destaca sobre um fundo neutro. A tela é quase monocromática, com variações de iluminação. No pescoço há uma corrente de ouro em formato de V. Um gorro preto e uma pesada estola complementam os acessórios do retratado (Duprat, 2009).

Uma possível alternativa de sobrevivência para um pintor em regiões de predomínio protestante era o retrato, gênero em que o holandês Rembrandt se destacou, legando-nos sua autobiografia em uma série de retratos. Nele, ficamos frente a frente com a pessoa real e sentimos sua solidão e seu sofrimento. Rembrandt entrava a fundo na pele de seus retratados e sabia como se comportavam. Retratava também a feiura, absorvendo a mensagem do mestre Caravaggio (1571-1610): a verdade é maior do que a harmonia e a beleza.

A escola barroca é pouco homogênea. Wölfflin (2006) esclarece bem essa questão: se comparamos o aspecto geral da arte de Rembrandt e Rubens, vemos que há uma semelhança evidente entre eles – sua maneira de ver é por meio de manchas, e não

Figura 2.9 – *Retrato de jovem com corrente de ouro*, de Rembrandt

REMBRANDT. **Retrato de jovem com corrente de ouro**. ca. 1635. 1 óleo sobre madeira: color.; 57 cm × 44 cm. Acervo do Museu de Arte de São Paulo, São Paulo, Brasil.

de linhas, o que Wölfflin chama de *pictórico* e que seria a distinção entre arte barroca e a renascentista. Para esse mesmo autor (2006), o barroco é o abandono do desenho e a entrega à simples aparência visual. Segundo Gombrich (1999), se isolamos um detalhe da obra renascentista, conseguimos descrever o restante, pois há uma precisão que a torna um tanto previsível. Já na obra de Rubens, um detalhe isolado é apenas um conjunto de manchas. Já não era necessário, portanto, apresentar aos olhos a forma com extrema definição.

O holandês Rembrandt e o flamengo Rubens são apresentados como casos exemplares para que possamos verificar como um pintor atuante em um local protestante difere de um pintor que atendia à Igreja e aos reis católicos. As diferenças entre eles são evidentes, mas lembremos que Wölfflin (2006) defende a hipótese de que os dois compartilham algo em comum e a de que estão inseridos na história de uma mudança na forma de ver.

Figura 2.10 – *A virgem e o menino entronizado com santos* (detalhe), de Peter Paul Rubens

RUBENS, Peter Paul. **A virgem e o menino entronizado com santos** (detalhe). 1627-1628. 1 óleo sobre madeira: color.; 80,2 cm × 55,5 cm. Detalhe do canto inferior direito: São Jorge pisa no Dragão. Berlim, Alemanha.

Figura 2.11 – *A última ceia* (detalhe), de Leonardo da Vinci, mostrando as mãos dos apóstolos no canto direito da obra

DA VINCI, Leonardo. **A última ceia** (detalhe). 1495-1498. 1 têmpera sobre reboco: color.; 460 cm × 880 cm. Refeitório do Mosteiro de Santa Maria delle Grazie, Milão, Itália.

2.2.3 O transplante do barroco para a América Latina

Uma questão muito interessante sobre o barroco no Brasil é que ele aconteceu quase concomitantemente ao europeu. Poucas décadas depois de seu surgimento, por volta de 1620, o estilo já foi transplantado ao Brasil por Portugal. Contudo, para o estudioso do barroco brasileiro Lourival Gomes Machado (2003), a predominância no nosso estilo foi a do **funcional-construtivo** em relação ao **ilusório-decorativo** dos europeus. Nosso barroco é mais objetivo e claro, enquanto o europeu é mais rebuscado, detalhe facilmente verificável na arquitetura das igrejas barrocas no Brasil. Além disso, no Brasil, não houve tanto investimento desmedido na monumentalidade da arte como na Europa. É claro que houve algumas exceções, como a Igreja da Ordem Terceira de São Francisco, em Salvador, que é toda adornada em ouro.

Uma obra importantíssima do barroco brasileiro é a pintura no teto da Igreja de São Francisco de Assis, em Ouro Preto, Minas Gerais, realizada por Manuel da Costa Ataíde, mais conhecido como Mestre Ataíde (1762-1830), pintor, dourador, encarnador, entalhador, professor e importante artista do barroco mineiro, que teve grande influência sobre os pintores da sua região. Até meados do século XIX, muitos alunos de Mestre Ataíde deram continuidade a esse método de composição, principalmente nos casos de trabalhos que envolviam perspectiva em tetos de igrejas. Esse artista se caracterizou pelo emprego de cores vivas, especialmente o azul, de sua preferência. Contemporâneo e amigo de Antônio Francisco Lisboa, o Aleijadinho (1730-1784), Mestre Ataíde, ao pintar madonas, anjos e santos, caracterizou-os com traços africanos.

Com relação à sua obra-prima na Igreja de São Francisco de Assis, em Ouro Preto, podemos verificar que

> o forro da nave, em forma de gamela, é totalmente coberto pela pintura do Mestre Ataíde, que representa a assunção de Nossa Senhora da Conceição (padroeira dos franciscanos, associação de leigos católicos chamada ordem terceira leiga, que construiu o templo), numa revoada de anjos, de várias faixas etárias – crianças, jovens e adultos – todos mulatos e músicos (Igreja..., 2016).

Figura 2.12 – (a) Fachada e (b) interior da Igreja de São Francisco de Assis em Ouro Preto, Minas Gerais, Brasil (construção iniciada em 1765)

a) b)

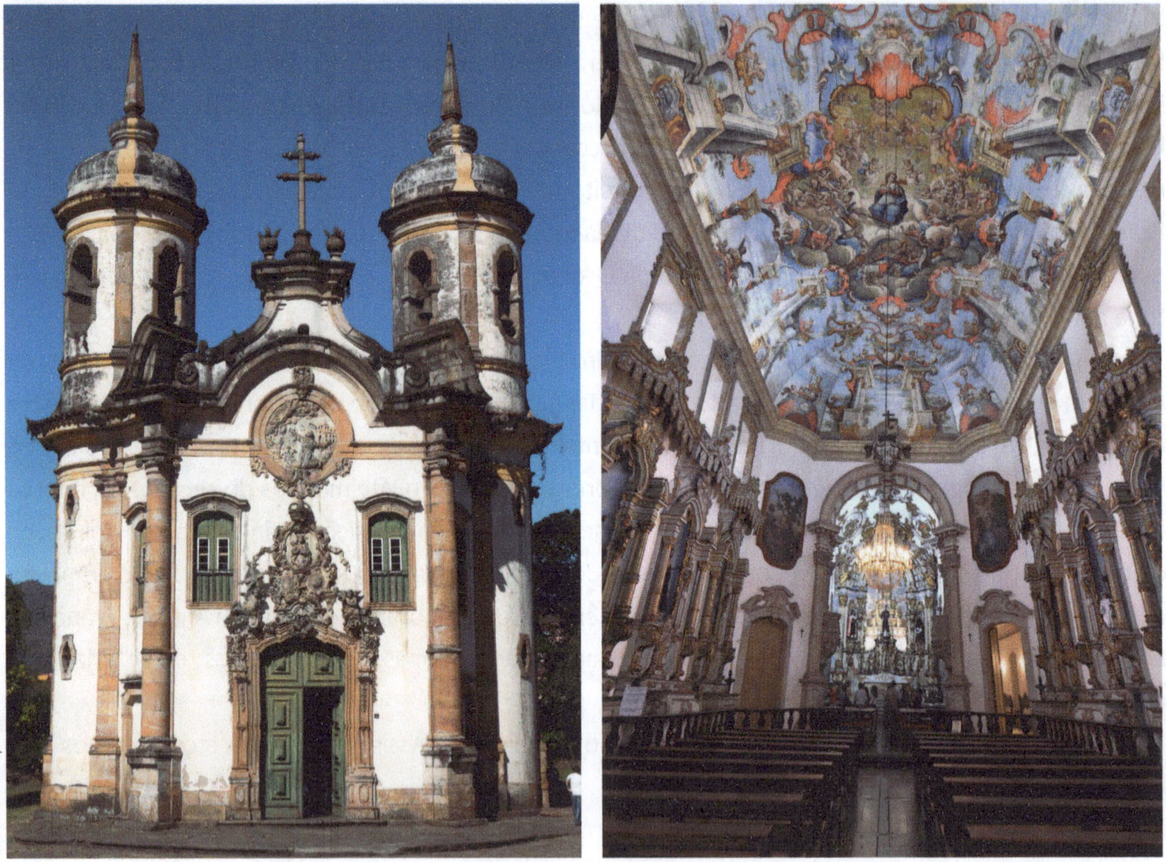

lucas nishimoto/Shutterstock

T photography/Shutterstock

Figura 2.13 – Teto da Igreja de São Francisco de Assis, de Mestre Ataíde

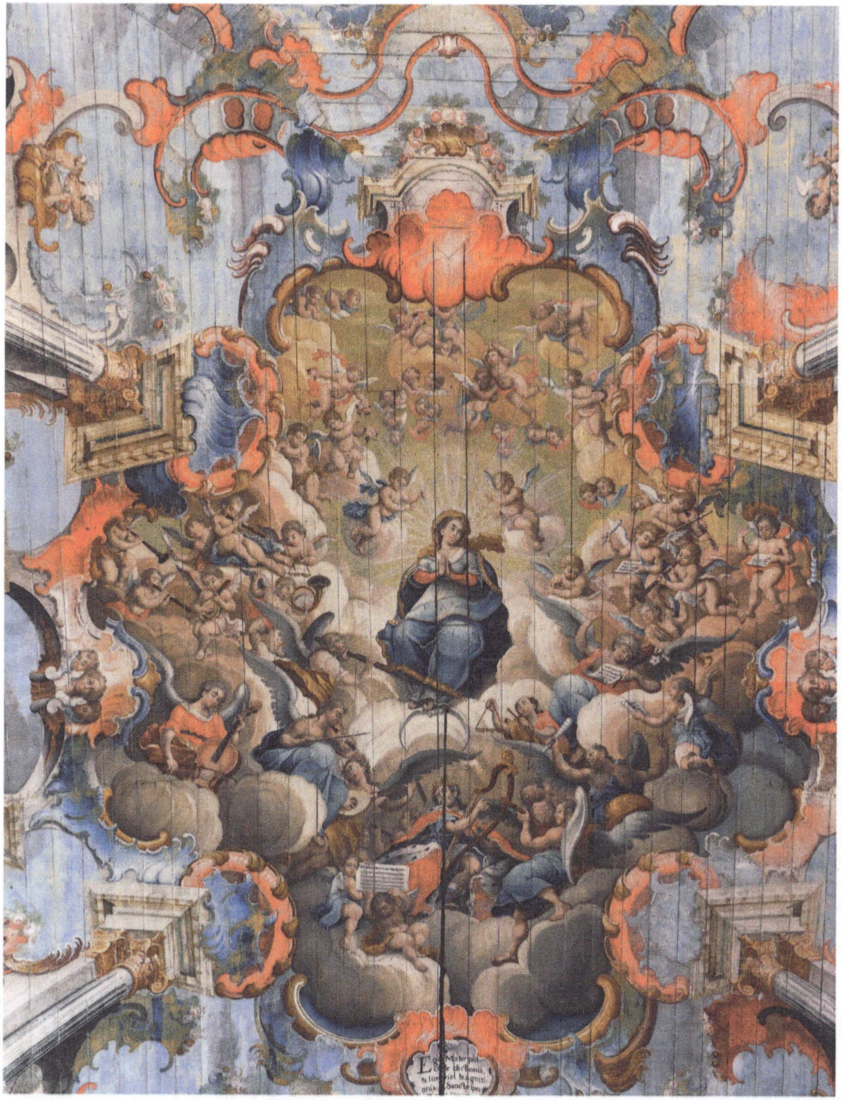

T photography/Shutterstock

ATAÍDE, Manoel da Costa. Teto da Igreja de São Francisco de Assis. 1801-1812. Ouro Preto, Minas Gerais, Brasil.

A imagem é cheia de curvas sinuosas, com muitas informações, e lembra até mesmo o estilo decorativo do rococó. A cena é tão repleta de detalhes que chega a causar vertigem. Nesse sentido, a pintura faz menção ao estilo esvoaçante de Rubens. Tanto na obra *A virgem com o menino entronizado*, do europeu, quanto na *Assunção de Nossa Senhora*, do brasileiro, a atmosfera festiva e rebuscada prevalece.

"O barroco brasileiro é otimista, florescente, opulento de vida: demonstra o prazer de construir e de congratular-se pela descoberta e pelo encontro de horizontes sem angústias" – isso em constraste evidente com o barroco "europeu, demasiadamente propenso à figuração do triunfo da morte" (Bardi, 1975, p. 68-70). A preferência de nossos artistas era pela ressurreição, e não pelo calvário.

Síntese

Neste capítulo, enfocamos a arte como representação. A ideia de que a arte serve sempre para representar é reforçada desde os tempos dos gregos antigos, que julgavam que esta era uma imitação do real (em grego, *mímesis*). Tendo como base essa declaração, tratamos de um importante período histórico, que abrangeu os séculos XV e XVI, marcados pela arte renascentista e pelo barroco, respectivamente.

Na primeira seção deste capítulo, enfatizamos o fato de que é mais interessante ver o Renascimento como uma continuidade da arte medieval e menos como uma ruptura. O propósito de dar à arte bases científicas é igualmente mencionado, visto que se trata de um período de grande florescimento científico, de grandes descobertas em diferentes áreas do conhecimento. A partir da verificação de que há uma predominância de obras de caráter religioso, pretendemos apresentar um contraponto à arte europeia e, assim, elegemos a arte do povo asteca, que viveu no mesmo momento histórico do Renascimento, no lugar onde hoje é a atual Cidade do México. Assim, apresentamos introdutoriamente a arte asteca ligada à religião, por meio do estudo das esculturas erigidas em um espantoso templo, o de Malinalco (atual sítio arqueológico mexicano).

Na seção em que abordamos o barroco, procuramos apontar a diferença entre a arte do período produzida nos países católicos e aquela produzida nos países protestantes. Na primeira, a predominância foi de obras de cunho religioso. Na segunda, o artista poderia sobreviver com os retratos. O estudo de trabalhos de Rubens e Rembrandt ajudou a caracterizar essas duas diferentes vertentes. Finalmente, o desfecho da reflexão ficou a cargo do artista brasileiro Mestre Ataíde, que aparece no estudo com sua obra mais conhecida para que o leitor possa compreender como se estabeleceram as relações entre o barroco europeu e o latino-americano.

Atividades de autoavaliação

1. A arte renascentista europeia ocorreu porque houve condições favoráveis para isso. Assinale a afirmação que **não** corresponde aos acontecimentos:
    a) A arte tornou-se também a representação do mundo empírico.
    b) A descoberta da técnica da perspectiva aprimorou o trabalho dos artistas.
    c) Na mesma época do Renascimento europeu, o povo asteca erigia uma impressionante cidade e sua arte não ficava atrás da europeia.
    d) O tema religioso foi completamente abandonado porque simbolizava a já ultrapassada arte medieval.

2. Sabe-se que os renascentistas realizavam meticulosos estudos antes de pintar uma tela na versão definitiva. Sobre isso, assinale as alternativas corretas:
    a) A opinião do cliente, o mecenas, era relevante.
    b) O artista procurava se informar sobre aquilo que retratava.
    c) Os elementos que compõem muitas obras eram dispostos sobre a tela de forma equilibrada e harmoniosa, com o auxílio da perspectiva.
    d) O artista realizava os desenhos do corpo humano de memória. O modelo vivo era totalmente dispensável.

3. Indique a alternativa **falsa**:
   a) Leonardo da Vinci e Michelangelo eram artistas renascentistas.
   b) Os artistas do Renascimento inspiravam-se na arte clássica grega.
   c) Enquanto a arte renascentista florescia na Itália, não havia nada em termos de arte acontecendo em outros locais que merecesse constar nos livros de história da arte.
   d) *A última ceia* e *Mona Lisa* são obras importantes de Leonardo da Vinci.

4. Apesar de ocorrerem em momentos históricos diferentes, a arte barroca, a renascentista e a medieval têm muito em comum. Assinale a característica que os três períodos artísticos **não** compartilham:
   a) Nos três períodos, observamos a utilização do tema religioso.
   b) Em todos, retratava-se a figura humana.
   c) A harmonia, o equilíbrio e a regularidade são predicados aplicáveis tanto à Renascença quanto à arte barroca e à medieval.
   d) O objetivo de realizar uma bela obra era o propósito de muitos dos artistas dos três períodos.

5. A palavra *barroco* significa *pérola negra de formato irregular*. Sobre o estilo que recebeu esse apelido, que na época era considerado pejorativo, é correto afirmar:
   a) O movimento floresceu em todas as partes do mundo de forma espantosamente idêntica.
   b) A especialidade do artista da Holanda protestante Rembrandt era a pintura de imagens religiosas.
   c) No Brasil, era produzido por artistas europeus de renome, como Caravaggio e Rubens, que desembarcaram aqui exclusivamente para a decoração das igrejas.
   d) O estilo se espalhou por diferentes países, ao contrário do Renascimento, que ocorreu, sobretudo, na Itália.

Atividades de aprendizagem

Questões para reflexão

1. A maioria das grandes obras conhecidas do Ocidente europeu, do período medieval ou renascentista, é de temática religiosa e representa a religião cristã. No mesmo período, do outro lado do oceano, o povo asteca também nos deixou o registro de sua religião por meio da arte. Contudo, alguns historiadores priorizam exclusivamente o estudo da arte europeia, enquanto em nosso continente dispomos de uma riqueza artística muito pouco explorada. Reflita e discuta sobre essa questão.

2. Todo artista tem diante de si determinadas possibilidades visuais às quais se acha ligado. No barroco, ao contrário da Renascença, os artistas abandonaram o desenho e se entregaram à simples aparência visual. Reflita sobre isso e selecione uma obra barroca para exemplificar essa ideia. Comente sua escolha.

Atividade aplicada: prática

Afirmamos, durante o capítulo, que, para Lourival Gomes Machado (2003), no barroco brasileiro houve uma predominância do funcional-construtivo em relação ao ilusório-decorativo dos europeus, ou seja, nosso barroco era mais objetivo e claro enquanto o europeu era mais rebuscado. Você concorda com essa afirmação? Pensando nisso, escolha duas obras do barroco, uma brasileira e outra europeia, e analise criticamente suas diferenças e semelhanças.

3

Século XVIII e início do XIX

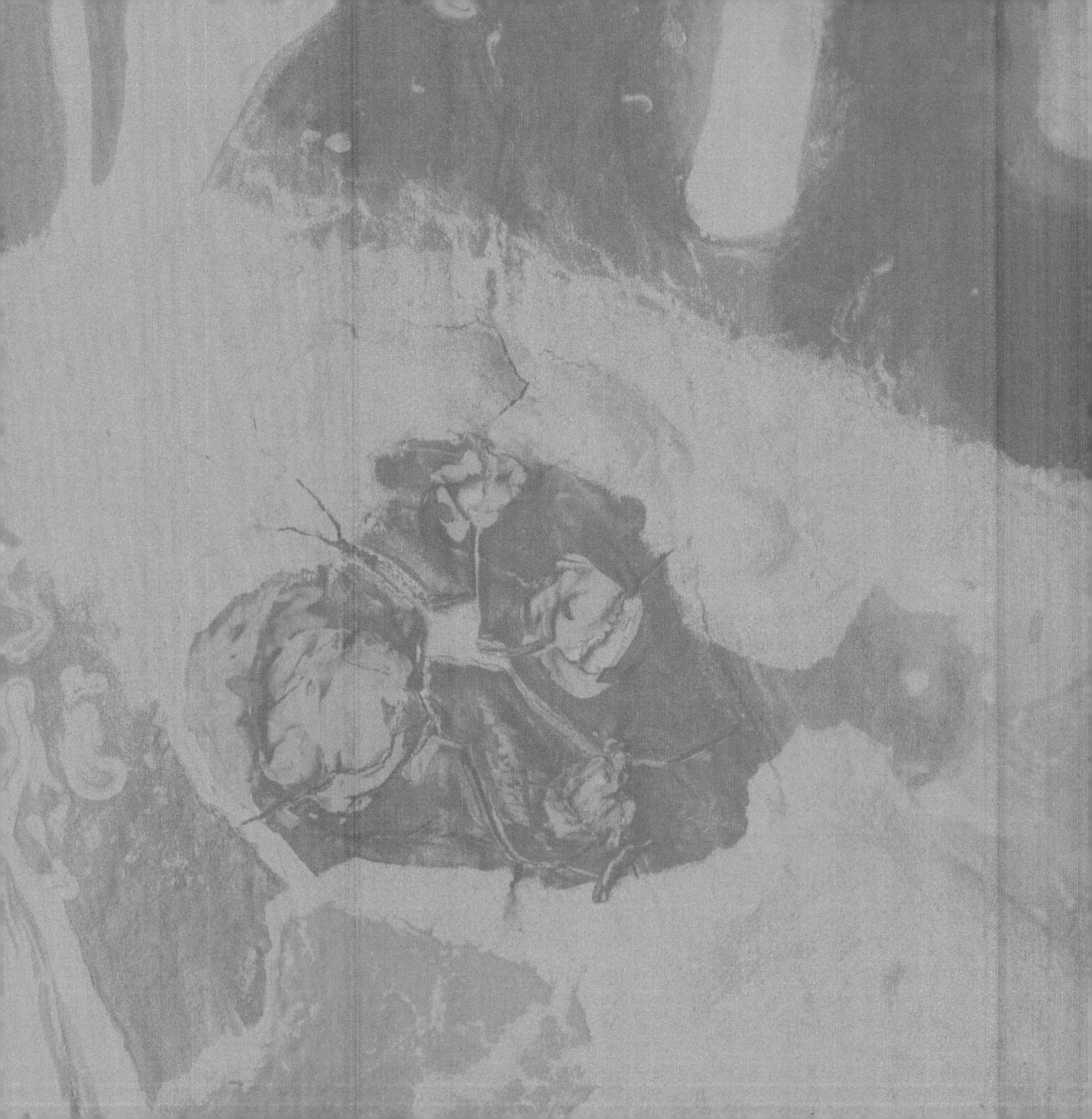

Na primeira seção deste capítulo, destacamos a convivência das tendências classicistas e barrocas, enfatizando a substituição do barroco pelo rococó – caracterizado pelas temáticas triviais, mundanas e por um maior detalhamento das formas. Em seguida, apresentamos o surgimento do Século das Luzes, dos ideais iluministas de Denis Diderot (1713-1784) e de Voltaire (1694-1778), que, na arte, combateram os excessos do barroco e do rococó, defendendo uma arte racional e didática e adotando o neoclassicismo – tão bem representado pelo pintor francês Jacques-Louis David (1748-1825), grande incentivador das academias e disseminador do retorno aos clássicos – como representação de seus ideais.

A arte setecentista nas colônias da América Latina é mencionada a seguir, enfatizando o papel importante da Igreja Católica, que utiliza a arte para pôr em ação seus projetos civilizadores para a Colônia. Na mesma seção, também realçamos a utilização da arte como forma de resistência durante o processo de independência dos países da América Latina, por meio dos retratos dos heróis da inflamada revolução republicana.

Na sequência, caracterizamos as academias de arte durante o período neoclássico, quando a arte, em vez de ser transmitida de mestre para discípulo, torna-se uma disciplina ensinada nas academias, o que contribui extraordinariamente para a manutenção da tradição clássica. Destacamos, ainda, a vinda do artista francês Jean-Baptiste

Debret (1768-1848) ao Brasil e a criação da Academia Imperial de Belas Artes, no Rio de Janeiro, nos moldes das academias europeias.

O capítulo finaliza com a discussão que desemboca no surgimento do romantismo: o artista externando a vontade de reintegrar o homem à natureza. Evidenciando as características do período, analisamos as obras *A jangada da medusa*, do pintor francês Théodore Géricault (1791-1824), e *Tempestade de neve: barco a vapor perto da embocadura de um porto*, do pintor inglês William Turner (1775-1850). Por fim, caracterizamos o contexto histórico do período romântico, destacando as mudanças provocadas pela revolução industrial e a rápida ascensão da burguesia.

3.1 A convivência entre as tendências classicistas e barrocas

O desdobramento do barroco, principalmente na França e na Alemanha do século XVIII, possibilitou o surgimento do rococó, que deu ênfase à trivialidade e à festividade, caracterizando-se como uma arte destinada a atender a aristocracia da época. Ao mesmo tempo, como resposta pretensiosamente mais racional e ligada à alta intelectualidade, o clássico foi revisitado. O novo clássico ou neoclássico deu ênfase à proposta de que o artista ganha tempo e se torna mais eficiente ao observar a beleza das pinturas renascentistas e das esculturas gregas. Assim, tomá-las como ponto de partida seria mais recomendável do que ter a natureza como modelo.

3.1.1 Arte e Iluminismo

Na Europa do século XVIII, o imponente e monumental barroco foi, aos poucos, substituído por outro estilo: o rococó. Nele há mais detalhamento das formas, um virtuosismo do artista ainda mais evidente. A exagerada profusão de curvas não mais se materializa em obras de cunho religioso, mas nas de temáticas mundanas, triviais. Essa arte coloca o observador na posição do *voyeur*, ou seja, daquele que gosta de observar momentos íntimos dos outros, mas sem participar. Estupefata pelo grau de perfeição alcançado por artistas como Antoine Watteau (1684-1721), Jean-Honoré Fragonard (1732-1806) e François Boucher (1703-1770), a aristocracia da época, sobretudo a francesa, deliciava-se com os quadros inspiradores.

Segundo Arnold Hauser (2000), no século XVIII, a regência falida, acéfala e frívola admirava artistas como Boucher, que havia se especializado na pintura de nádegas. Seu pequeno óleo sobre tela chamado *Odalisca*, que atualmente pode ser visto no Museu do Louvre, reflete bem a arte apreciada na primeira metade do setecento pela referida clientela. Trata-se de uma jovem nua deitada de costas para cima sobre uma cama. Em meio a uma porção de tecidos, entre os quais o que mais se destaca é o veludo, a jovem olha para o observador com a face ruborizada. É impressionante o grau de precisão e realismo com

Figura 3.1 – *Odalisca ou Mademoiselle O'Murphy*, de François Boucher

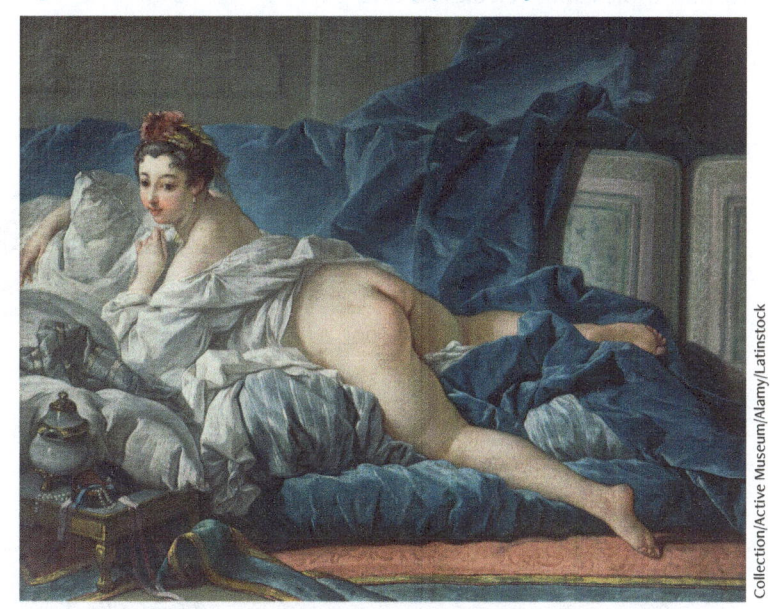

BOUCHER, François. **Odalisca ou Mademoiselle O'Murphy**. 1745. 1 óleo sobre tela: color.; 53 cm × 64 cm. Museu do Louvre, Paris, França.

que os artistas do rococó, nome dado a essa escola, conseguiam representar texturas.

Os pintores citados são franceses e, quando falamos da França do século XVIII, logo nos vem à mente que tal período também é chamado de *Século das Luzes*. Iluministas como Denis Diderot (1713-1784) e Voltaire (1694-1778) viam, contudo, com maus olhos a desenvoltura do rococó. Diderot foi um filósofo francês que elaborou a primeira enciclopédia da história. Nela, pretendia reunir todo o conhecimento humano disponível, e essa compilação se tornou o principal veículo de divulgação de suas ideias na época.

É possível sintetizar o Iluminismo como pensamento e ação. Os pensadores iluministas acreditavam no progresso e na perfeição humana e almejavam que o conhecimento fosse estendido a todos os campos, pois com ele seria possível transformar a Terra em um mundo melhor. A razão e o conhecimento, sempre fundamentados na experiência, eram, para eles, o único meio de superar os preconceitos e o obscurantismo.

O Iluminismo atacou violentamente a aristocracia e, por consequência, a arte que a representava: o rococó. Inspirada nos ideais iluministas, a sociedade conseguiu, após muitos embates, a expansão de direitos civis e a redução da influência da nobreza e da Igreja. O Iluminismo teria sido o fermento intelectual para a Revolução Francesa. Seus seguidores lutaram contra os excessos do barroco, então representado pela corrente rococó, e defenderam uma arte racional e didática. Para Pevsner (2005), no livro *Academias de*

Figura 3.2 – Desenhos de arabescos em estilo rococó

HiSunnySky/Shutterstock

arte: passado e presente, a intelectualidade combatia o rococó, mas precisava colocar um estilo em seu lugar.

É importante lembrar que o nome *rococó*, que vem da palavra francesa *rocaille*, significa decoração com linhas sinuosas, lembrando pequenas conchas do mar. São ornamentos exagerados utilizados no mobiliário e na arquitetura.

Tendências classicistas e barrocas conviviam no Século das Luzes. Alguns artistas optaram pelo rococó, inspirados no barroco; outros, pela volta ao clássico. O século XVIII não foi, portanto, homogêneo artisticamente, uma vez que havia muitas nacionalidades com características sociais, políticas e econômicas bastante diferentes.

> Luís XIII decidiu construir em Versalhes, onde realizava caçadas, entre 1623 e 1624, um abrigo de caça. Depois de ridicularizado pela empreitada, ordenou ao arquiteto Le Roy sua reconstrução. Na verdade, no entanto, coube a Luís XIV a criação do Palácio de Versalhes nas terras do abrigo. De 1682 a 1789 – com uma interrupção entre 1715 e 1722 – Versalhes foi a sede do absolutismo e tornou-se símbolo de poder. Em 1837, o palácio foi transformado em museu. Versalhes tem 2.153 janelas, 67 escadas, 352 chaminés, 700 quartos, 1.250 lareiras e 700 hectares de parque (Versailles..., 2003).

Figura 3.3 – Sala dos Espelhos, Palácio de Versalhes, França

Frederic Legrand - COMEO/Shutterstock

3.1.2 David, o neoclassicista disseminador das academias

Jacques-Louis David (1748-1825) foi um pintor neoclássico por excelência e um grande incentivador das academias. Em um discurso, disse que "Cada um de nós é responsável perante a nação pelos talentos que recebeu da natureza." (Hauser, 2000, p. 646). Observe, a seguir, seu quadro *A morte de Socrátes*. Toda a obra é imponente, com cores sóbrias justamente para dar solenidade a ela. David retrata o momento em que o carrasco acaba de entregar a taça de sicuta a Sócrates. Todos os seus discípulos estão arrasados, alguns choram desesperados, outros se viram de costas com posições corporais dramáticas (Woodford, 1983, p. 45).

Figura 3.4 – *A morte de Sócrates*, de Jacques-Louis David

DAVID, Jacques-Louis. **A morte de Sócrates**. 1787. 1 óleo sobre tela: color.; 1,30 m × 1,96 m. Metropolitan Museum of Art, Nova York, EUA.

O próprio carrasco reluta em executar a sentença à qual Sócrates foi condenado por influenciar os jovens com ideias subversivas. O único que está bem é o próprio Sócrates, que, com o peito levantado, demonstra extrema coragem para pegar a taça e corajosamente bebê-la. A cena retratada por David demonstra um ensinamento de coragem no qual todos os cidadãos na época da revolução francesa poderiam se inspirar: não esmorecer nem na hora derradeira. Lembremos que o tema é grego. Para realizar tão comovente pintura, o artista se baseou em uma passagem de Platão (Woodford, 1983, p. 45).

David contribui muito para disseminar o retorno aos clássicos. Foi uma espécie de ministro da cultura de Napoleão, tendo criado uma série de outras academias. Contudo, com o passar do tempo, o mundo clássico deixou de ser uma inspiração para David e seus seguidores e acabou por se tornar mera convenção. A arte acadêmica tornou-se mais conformada e hostil às inovações.

3.1.3 A retomada do clássico nas academias

Os ideais iluministas inspiraram a Revolução Francesa. Na época, o rococó e o classicismo estavam entre os estilos disponíveis que mais se destacavam. Os revolucionários europeus optaram pelo classicismo, estilo que colocaram no lugar do malfadado rococó. A mais apta corrente capaz de representar a revolução com seus ideais patrióticos, heroicos, suas virtudes cívicas romanas, suas ideias republicanas de liberdade era, sem dúvida, o neoclássico.

Os homens da revolução gostavam de se considerar homens livres de uma Atenas ressurgida (Schwarcz, 2008, p.57). Surgia um novo ideal de beleza fundamentado nas obras gregas. Era possível visitar as ruínas greco-romanas, obter autorização para conhecer a coleção de arte renascentista da família Médicis. Pompeia, que havia sido destruída pelo vulcão Vesúvio, foi redescoberta.

As academias davam um estatuto mais elevado ao artista, trabalhavam com conhecimento enciclopédico, ensinamentos técnicos, história, mitologia, teoria da arte e promoviam o debate sobre gosto, gênio e sentimentos artísticos.

O historiador Johann Joachim Winckelmann (1717-1768) foi o primeiro a aplicar, de forma sistemática, categorias de estilo à história da arte. Na era da razão, as pessoas começaram a ficar mais exigentes ao classificar o estilo do artista e os estilos das obras de arte. Rejeitando o rococó como ninguém, Winckelmann foi o grande pensador do neoclassicismo, que viria a substituir o frívolo estilo anterior. A moda dos gregos passou a ser o novo ideal. A tarefa mais nobre e essencial da arte deveria centrar-se no homem. Para esse historiador, era mais fácil descobrir a beleza das estátuas gregas do que da natureza, portanto, imitá-las proporcionava discernimento ao artista, sem perda de tempo.

Nas academias que se espalharam pela Europa – e mesmo pelo Brasil –, existiam coleções de cópias de inúmeras esculturas gregas, como a icônica *Vitória de Samotrácia* (Figura 3.5).

O desenho deve ter primazia sobre a cor: eis outro postulado cabível à arte acadêmica. No estudo da arte, deveriam estar inclusas: geometria, perspectiva, história, mitologia, anatomia, teoria da arte, filosofia. Assim, as academias seriam indispensáveis.

Figura 3.5 – *Vitória de Samotrácia*, **artista desconhecido**

Vitória de Samotrácia. [artista desconhecido]. ca. 190 a.C. 1 escultura em mármore: 328 cm de altura. Museu do Louvre, Paris, França.

A maioria das academias do século XVIII, que se disseminaram pela Europa, tinha como base o estilo neoclássico, que modificou muito a arquitetura, a escultura e a pintura na segunda metade do século. Esses fatos estão intimamente relacionados ao Iluminismo, uma vez que a fundação de instituições de ensino é uma característica do período.

3.2 A América colonial e as formas de resistência

Nas colônias latinas dos séculos XVI ao XIX, observamos a tentativa de transplantar o modo de vida europeu, incluindo suas formas artísticas. De um lado, o Brasil português novecentista abrigava a Academia de Belas Artes, em que se pretendia desenvolver uma arte neoclássica importada, para atender a uma pequena elite carioca. De outro lado, o fato de Napoleão ter tomado a Espanha desnudou a fragilidade desse país em continuar no comando de suas colônias latinas, o que facilitou a ação de insurgentes que começaram a se organizar em movimentos de resistência para garantir a independência. Dessa forma, no século XIX, a arte que se destacou nos países latinos de língua hispânica foi a retratística, que gira principalmente em torno da imortalização dos heróis, dos líderes revolucionários da época. Contudo, o calor barroco ainda se fazia presente.

3.2.1 A arte setecentista nas colônias latinas

O barroco europeu coincide com as expedições de navegadores e aventureiros ao Novo Mundo. Focada na ação civilizadora, a Igreja, diante da tentativa de administração das colônias, desempenhou um papel importante e usou a arte como aliada. No deserto quase absoluto do continente recém-descoberto, iniciou-se a fundação de milhares de cidades, vilas, aldeias, enclaves, fortalezas, conventos. A partir do século XVI, o eixo territorial do catolicismo se desviou em direção aos trópicos e compensou as perdas da Contrarreforma. O povo foi se formando com a mestiçagem entre europeus, índios e negros, e a Igreja se tornou um árbitro, mediando as situações de conflito. Centrada na ação civilizadora e com as chamadas *Missões*, promoveu um espaço para a expressão da espiritualidade por meio da arte e do artesanato (Bardi, 1975).

As culturas indígenas interrompidas, arrancadas à bárbara força, encontraram nas reduções jesuíticas a atividade espiritual, a arte. Essa era a oportunidade de um lento recomeço, de recuperação das linhas de força. Na sociedade colonial submetida a extremos de brutalidade e privação, a arte ligada à Igreja restituiu a dimensão dos impulsos afetivos (Bardi, 1975). Vejamos uma obra-prima do barroco mexicano, o templo indígena de São Francisco de Acatepec, construído entre 1650 e 1750 no município de Puebla, no México (Figuras 3.6 e 3.7). Sua fachada coloridíssima recoberta de mosaicos é tão fascinante quanto seu interior. É importante frisar que foi construído por grupos nativos indígenas.

Na América Latina, a arte barroca importada erudita atraiu o espírito popular. Ela se materializou de forma totalmente imprevisível. Houve maior liberdade, pois os artistas latinos não passaram pelo filtro do Renascimento europeu, por isso improvisaram, resolveram, quebraram regras, ajeitaram, cancelaram, propuseram, refizeram à vontade e escolheram o que iria prevalecer (Ávila, 1997).

Nesse cenário de adaptação do barroco a cada localidade, a arquitetura em si quase desaparece, sobrecarregada de enfeites, o que culmina em um estilo de arte exageradamente rebuscado: o rococó, que abusa do espiralado, de linhas curvas em C e em S, da ornamentação exuberante e devoradora que causa vertigem (Gullar, 1988). Essas características são evidentes, por exemplo, na pintura do teto da Igreja de São Francisco em Ouro Preto, já mencionada no capítulo anterior. Vamos rever um detalhe da referida pintura, atentando para a profusão de curvas e a exuberância decorativa e comparando-a com um detalhe do interior da Igreja de São Francisco de Acatepec.

Para Ferreira Gullar (1988, p. 221), é nas igrejas que vemos a plenitude da arte do período; vemos a irrealidade, o delírio, a vertigem, a criação de falsas perspectivas dentro da perspectiva real, colunas e escadarias que não existem. Essa perspectiva alucinada faz com que todo o espaço se torne uma ilusão de ótica, como se estivéssemos em um espaço de fantasia, sinfônico, que atua sobre nós.

Figura 3.6 – Fachada do templo indígena de São Francisco de Acatepec, Puebla, México

Figura 3.7 – Detalhe do interior do templo indígena de São Francisco de Acatepec, Puebla, México

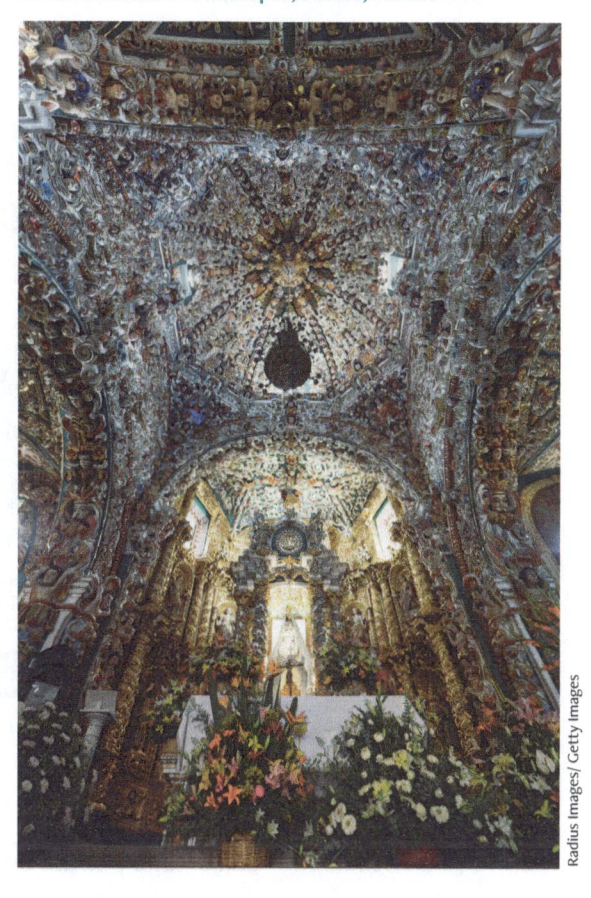

Figura 3.8 – Detalhe da pintura do teto da Igreja de São Francisco de Assis, em Ouro Preto, Minas Gerais, Brasil

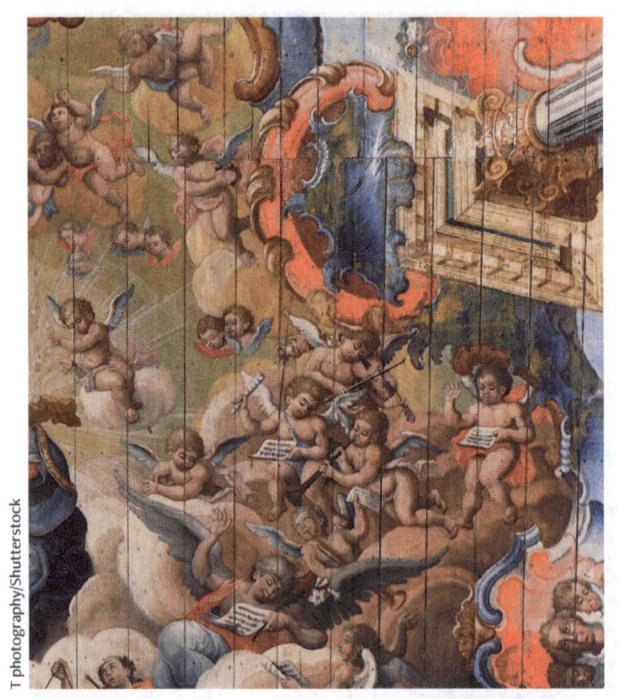

Figura 3.9 – Detalhe do interior da Igreja de São Francisco de Acatepec, Puebla, México

3.2.2 Heróis da independência na América espanhola

O começo do século XIX foi marcado por um eixo fundamental: Napoleão invadiu a Espanha e encarcerou o rei. Como consequência, na América espanhola, as colônias se tornaram independentes e, em poucos anos, converteram-se em cenários de grandes batalhas sangrentas.

Em meio à agitação política, a arte também estava presente. No século XIX, as imagens, que apareceram com o poder de sintetizar ideias que poderiam chegar por escrito ou oralmente, tiveram a função de promover o conhecimento de uma maneira que a palavra escrita não poderia, expressando crenças, atitudes e todo o fundamento que formava a cultura ocidental (Encuentro, 2016b).

Na pintura *Simón Bolívar, libertador e pai da nação* (Figura 3.10), vemos um soldado vestido com uniforme, identificado como Simón Bolívar (1783-1830), um militar venezuelano e líder revolucionário, responsável pela independência de vários territórios da América Espanhola e importantíssimo personagem na história da América Latina, considerado um visionário com ideias revolucionárias. Na pintura, ele se encontra ao lado da figura de uma indígena, em tamanho menor, com rosto expressivo, vívido. O vestuário indígena foi proibido durante séculos. A mulher está sentada em uma cadeira que serve de trono, na mesma posição em que encontramos muitas virgens coroadas, mas detém, nesse caso, uma coroa de penas e levanta um braço para responder à aclamação. Bolívar estende seu braço direito nas costas, protetor. Trata-se de uma alegoria da América.

Figura 3.10 – *Simón Bolívar, libertador e pai da nação*, de Pedro José Figueroa

FIGUEROA, Pedro José. **Simón Bolívar, libertador e pai da nação**. 1819. 1 óleo sobre tela. Quinta de Bolívar, Colômbia.

Diante do cenário político, as obras de arte que, no passado colonial, aludiam sempre a temas religiosos, passaram a retratar os homens ilustres da inflamada revolução republicana (Encuentro, 2016b).

Não havia produtores, não havia artistas, por isso uma preocupação que fez parte das disputas que ocorreram nos primeiros anos do processo de independência foi a criação de estratégias para suprir esse vazio de imagens. O objetivo era que o processo revolucionário tivesse a arte como aliada, que tivesse mais visibilidade, que pudesse contar com a legitimação das imagens. Elas seriam documentos, registros e, sobretudo, propagandas (Encuentro, 2016b).

É importante lembrar que, quando grande parte da América foi se desconectando da Espanha, o Brasil passou por um processo distinto na relação com seus colonizadores. Em 1808, a Corte portuguesa fugiu da invasão napoleônica, veio para o Brasil e fundou a nova capital no Rio de Janeiro. O resto da América Latina, porém, seguiu lutando por sua independência. Assim surgiram os líderes Simón Bolívar na Venezuela, José de San Martín no Rio da Plata e Bernardo Riggings no Chile, todos representantes de uma nova política. A identidade nacional pretendia se construir exaltando suas virtudes e o compromisso patriótico por meio de retratos dos heróis nacionais. Ao Estado, cujo projeto estava muito voltado à exaltação de suas glórias militares, coube incentivar a criação dessa iconografia patriótica. As imagens seriam entronizadas, posteriormente, como exemplo moral. Tratava-se da criação de santos laicos para serem venerados (Encuentro, 2016b).

Os retratos dos líderes e heróis da independência começaram, algumas vezes, a tomar o aspecto de uma imagem de devoção, agora a serviço de um idealismo secular. A ideologia da independência era fundamentalmente a do Iluminismo. O grande revolucionário Simón Bolívar via-se frequentemente comparado com Napoleão. As comparações tiveram lugar certo em sua iconografia, como atesta um retrato de 1857, feito pelo artista chileno Arayo Gómez. O artista retrata Simón Bolívar sobre um cavalo branco, empinando contra um fundo que lembrava mais os Alpes do que os Andes, em uma referência direta ao quadro do neoclassicista David intitulado *Napoleão cruzando os Alpes* (Ades, 1997).

Figura 3.11 – Retrato de Simón Bolívar, de Arayo Gómez

Figura 3.12 – Napoleão cruzando os Alpes, de Jaques-Louis David

GÓMEZ, Arayo. **Retrato de Simón Bolívar**. 1857. Chile.

DAVID, Jaques-Louis. **Napoleão cruzando os Alpes**. 1802. 1 óleo sobre tela: color.; 273 cm × 234 cm. Palácio de Versalhes, Versalhes, França.

3.2.3 Academias de arte: da Europa ao Brasil

Em vez de ser transmitida de mestre para discípulo, a arte, como vimos, tinha se tornado uma disciplina ensinada nas academias. De 1723 a 1792, viveu um artista inglês chamado Joshua Reynolds, que esteve na Itália e para quem era preciso aprender com os grandes mestres da Renascença italiana. Ele se tornou o primeiro presidente da recém-formada Academia Real de Arte na Inglaterra (1768), onde expôs sua doutrina acadêmica, em uma série de discursos.

Entre as questões abordadas, encontram-se as regras do bom gosto, o estudo de obras-primas já consagradas na história da pintura, os temas dignos e grandiosos, a necessidade de conferir aspecto de imponência às obras. Reynolds acreditava na superioridade da pintura histórica. Por questões religiosas, na Inglaterra só se apreciava a retratística. Segundo Gombrich (1999, p. 470), no século XVIII, "as instituições inglesas e o gosto inglês se tornaram os modelos admirados por todos os povos da Europa", que ansiavam pelo domínio da razão.

As inúmeras academias de arte, em funcionamento desde o Renascimento italiano, contribuíram de forma extraordinária para a manutenção da tradição clássica. Encontramos essa ideia também na introdução de Lilia Moritz Schwarcz à edição brasileira do livro *Academias de arte,* de Pevsner (2005), na qual ela descreve o modelo da academia do século XVIII, o qual poderia ser perfeitamente aplicado aos anteriores séculos XV e XVII e até mesmo ao posterior XIX. Isso significa que a tradição esteve muito enraizada durante todo esse período. Resumidamente, a pesquisadora menciona que a academia deveria estar bem provida de objetos necessários ao ensino do desenho (livros com ilustrações de anatomia) para que a cópia fosse realizada. Também fazem parte do programa a cópia de detalhes de obras consagradas ou obras inteiras, cópias de mestres renascentistas, desenhos de observação de esculturas antigas. Por isso, a academia precisaria também dispor de uma coleção de modelos em gesso representando as esculturas clássicas. Ela deveria ainda contar com modelos vivos com belas formas corporais para posar. A premissa é a de que é preciso muito treino para colocar-se em contato com as esferas superiores de arte.

Jean-Baptiste Debret (1768-1848) foi um importante artista francês que veio ao Brasil atuar como professor da Academia Imperial de Belas Artes, criada na cidade do Rio de Janeiro nos moldes das academias europeias.

> Jean-Baptiste Debret (Paris, França, 1768-1848) era sobrinho-neto do pintor François Boucher (1703-1770) – pintor decorativo do setecento europeu – e primo de Jacques-Louis David (1748-1825), líder do neoclassicismo francês.
>
> Na Academia de Belas Artes, em Paris, Debret foi aluno de David entre 1785 e 1789; logo, formou-se segundo os ideais neoclássicos. Por volta de 1806, foi pintor da Corte de Napoleão Bonaparte (1769-1821). Após a queda do imperador e a morte do seu único filho, Debret integrou a Missão Artística Francesa, que veio ao Brasil em 1816, com o intuito de promover o ensino das artes no país. No Rio de Janeiro, trabalhou como pintor da Corte e se mostrou preocupado com as questões sociais do Brasil. Debret retornou à França em 1831. A obra *Viagem pitoresca e histórica ao Brasil*, composta por três volumes publicados em 1834, 1835 e 1839, ilustra, por meio de litogravuras, seus estudos e suas observações (Fundação Biblioteca Nacional, 2016; Enciclopédia Itaú Cultural, 2016b).

Parte das dependências do Museu Nacional de Belas Artes, no Rio de Janeiro, abrigou a Academia de Belas Artes. Nele, hoje, há mais de 150 obras em gesso que foram moldadas sobre originais da Antiguidade Clássica greco-romana. Esse acervo era extremamente didático, cumprindo função pedagógica na academia, em que "o estudo do desenho era feito diante dos moldes em gesso. Na época, entendia-se que a simples contemplação não era suficiente para a compreensão da beleza da escultura clássica, sendo necessário seu desenho para o alcance do aspecto nobre e grandioso das obras" (MNBA, 2016).

3.3 Outras rotas de fuga

Em diferentes épocas, surgiram indivíduos que se dedicaram a refletir intensamente sobre sua existência no mundo. Na primeira metade do século XIX europeu, surgiu um espírito que intensificou ainda mais tal sentimento, e o homem se viu como um ser ínfimo submetido à amplitude da natureza, percebendo-se impotente diante de seu poder devastador. Insatisfeito com a realidade que se apresentava, o indivíduo operava uma evasão daquele mundo com o qual não conseguia mais lidar.

3.3.1 Arte romântica

Depois de ter passado um período trabalhando na Itália, o pintor Théodore Géricault (1791-1824) retornou a Paris nas primeiras décadas do século XIX e concentrou-se na busca de uma temática que fosse interessante para ser realizada em uma pintura a óleo. Foi nesse momento que descobriu um tema que, ao mesmo tempo, era monumental, político, sublime e contemporâneo. Trata-se do retrato de uma embarcação oficial chamada *Medusa*, que teria naufragado quando ia ao Senegal. Géricault retratou uma jangada que deveria ter sido rebocada pelos barcos salva-vidas. Contudo, não sabemos ao certo o porquê, os marinheiros cortaram as cordas dessa jangada, que tinha cerca de 150 pessoas, e a deixaram à deriva no mar. Nos dias que se sucederam ao acidente, na jangada, as pessoas se rebelaram, brigaram entre si, atormentadas pela fome e pela sede. Após 12 dias, 15 pessoas foram resgatadas. Dois sobreviventes redigiram a história do acontecimento e ela foi publicada na imprensa. Géricault, meticuloso como era, entrevistou os sobreviventes em busca de detalhes e conseguiu que modelos posassem para que ele os retratasse. Mandou construir uma réplica da jangada, colocou-a no mar para visualizá-la, fez estudos de cadáveres, enfermos, moribundos e estudou muito a anatomia. Tudo acabou se materializando em um quadro monumental (Friedlaender, 2001).

O artista escolheu retratar justamente o momento em que surge uma embarcação que promete ser a esperança de resgate desses náufragos. Ele se inspirou em Caravaggio (1571-1610), no barroco inicial e no abuso da luz e da sombra que lhe eram característicos. As figuras humanas são construídas sob uma base piramidal. O emaranhado de corpos humanos contorcidos gesticula atormentado, cada um para um lado, e há corpos desacordados. No entanto, alguns deles conseguem empregar o último fio de energia para apoiar um jovem negro que balança um tecido vermelho e branco na tentativa de chamar a atenção da embarcação de resgate. A atmosfera é escura, algumas partes dos corpos têm uma tonalidade azulada e amarelada, para dar a impressão de morbidez. Os rostos têm expressões cadavéricas. Cada personagem representa uma atitude diante da tragédia. O mar, que tem cores próximas do restante da cena, parece estar revolto em uma tempestade e evidencia a fragilidade do ser humano diante da imponência da natureza. *A jangada da Medusa* está atualmente no Museu do Louvre e faz parte das obras relacionadas ao romantismo (Friedlaender, 2001).

Figura 3.12 – *A jangada da Medusa*, de Théodore Géricault

GÉRICAULT, Théodore. **A jangada da Medusa**. 1819. 1 óleo sobre tela: color.; 4,91 m × 7,16 m. Museu do Louvre, Paris, França.

> Gosto se discute? Como falar da imperfeição, do feio? Em *A história da feiura*, o escritor italiano Umberto Eco expõe a ideia de que tanto o belo quanto o feio estão nos olhos de quem vê. O olhar é intermediado pelos padrões culturais do observador. Em entrevista sobre o livro, Eco afirmou que "Descobrimos como é divertido buscar a feiura, porque a feiura é mais interessante que a beleza. A beleza frequentemente é entediante. Todo o mundo sabe o que é beleza." e destacou, ainda, que o interessante da feiura é que ela não conhece limites (Reuters, 2007).

No decorrer da história, vamos observar que existiram muitos artistas cujas obras teriam características românticas. No entanto, há ainda o que podemos chamar de *romantismo histórico*, que é uma escola artística que teria predominado na obra de alguns artistas atuantes na Europa do século XIX.

Os artistas considerados românticos representavam a feiura e os episódios desesperadores, sinistros, repulsivos, que se originavam de intensa pesquisa. A existência era retratada de forma dramática, com ênfase no fantasmagórico, no demoníaco, no misterioso, na melancolia, no visionário. A relação entre o homem e a natureza era evidenciada ao extremo. O artista tinha uma base empírica de pesquisa de recursos artísticos. A crônica que Gericault fez em *A jangada da Medusa* exemplifica bem essas características. Ao mesmo tempo que mostra a monumentalidade do poder da natureza diante do homem, o romantismo pretende reconciliar o homem com a natureza (Guinsburg, 1993).

> Na literatura, o marco inicial do romantismo na Europa foi a publicação do romance *Os sofrimentos do jovem Werther*, do escritor alemão Johann Wolfgang von Goethe (1749-1832), no ano de 1774. No romance, o jovem pintor Werther conta ao amigo Wilhelm a história de sua paixão profunda por uma jovem já comprometida, Charlotte, que o rejeita. Não vendo mais razão para viver, Werther se entrega à morte. O romance causou, na sociedade alemã da época, uma comoção geral, inspirando vários suicídios de jovens que sofriam por amor. O fato fez com que a Igreja Católica colocasse a obra no *Index Librorum Prohibitorum* (Índice dos Livros Proibidos), a mais influente lista de livros proibidos da História, que vigorou por mais de 400 anos (Redação Super, 2005).

3.3.2 O espírito romântico

Houve um artista inglês que também produziu uma famosa pintura cujas características correspondem a essas ideias românticas: William Turner (1775-1851). Ele se dedicou, em um famoso quadro, a um gênero de pintura chamado *marinha*.

> "Chama-se marinha a pintura que tem especificamente por tema a paisagem marítima ou assuntos marinhos. Enquanto pintura de gênero é compreendida como um subgênero da pintura de paisagem, acompanhando seu desenvolvimento histórico." (Enciclopédia Itaú Cultural, 2016d)

A marinha de Turner, intitulada *Tempestade de neve: barco a vapor perto da embocadura de um porto*, ilustra a eficácia com que o artista foi capaz de mostrar um barco e o mar praticamente dissolvidos por massas de cor. Nessa composição, observamos um pequeno barco que luta para se manter na superfície no meio de uma tempestade. No final de sua vida, Turner mostrou particular interesse pelo conflito entre os elementos. "Para pintar esse quadro e os verdadeiros efeitos atmosféricos de uma tempestade, diz-se que permaneceu amarrado à cobertura de um barco a vapor durante quatro horas (aos 67 anos de idade), navegando a partir de Harwich, sob mau tempo." (Guinsburg, 1993, p. 80). A marinha de Turner, assim como outras obras românticas, apresenta um ambiente nebuloso em que se evidenciam ternura e nostalgia (Gombrich, 1999).

A arte assumiu inúmeras formas e encontrou expressão em toda uma série de tentativas de evasão, das quais o retorno ao passado era apenas a mais pronunciada, pois podemos ainda citar a evasão para o utópico, para os contos de fadas, para o inconsciente fantástico, para o sobrenatural, para o misterioso, para a infância, para a natureza, para as ações da loucura. Todos os artistas românticos compartilhavam do mesmo sentimento, do mesmo anseio de irresponsabilidade e de uma vida livre de sofrimento e frustração. A brutal realidade provocava no artista romântico uma forte sensação de impotência.

Figura 3.13 – *Tempestade de neve: barco a vapor perto da embocadura de um porto*, de William Turner

TURNER, William. **Tempestade de neve: barco a vapor perto da embocadura de um porto.** 1842. 1 óleo sobre tela: color.; 91 cm × 122 cm. Tate Gallery, Londres, Reino Unido.

Essa situação provocava sentimentos paradoxais: ao mesmo tempo, endeusava e desprezava o real. O romantismo era, para o artista romântico, um modo de existência utópica (Hauser, 2000, p. 674).

A geração de artistas românticos negava o modo de vida de sua época – por meio de suas ações, de seu modo de existência, criticava seu próprio contexto. É claro que não se tratava da primeira vez que isso acontecia. Os românticos estavam constantemente buscando reminiscências de analogias na história, não se importavam se a fonte de inspiração fosse o passado: "É evidente que a experiência romântica da história dá expressão a um medo psicótico do presente e a uma tentativa de fuga para o passado. Mas nunca houve psicose mais profunda do que essa." (Hauser, 2000, p. 665-666).

Para Hauser, a percepção de que existe algo chamado *destino histórico* e de que somos precisamente quem somos porque recordamos uma história passada é um feito do romantismo, o que antes era impensável. É que a maioria dos intelectuais se viu condenada à impotência absoluta, invadidos por uma profunda sensação de superficialidade: "Refugiaram-se num passado transformado por eles no lugar onde todos os seus sonhos e desejos se realizaram e do qual excluíram todas as tensões entre ideia e realidade." (Hauser, 2000, p. 668, 672).

3.3.3 Romantismo e sua época

> O aspecto característico do movimento romântico não era que representasse ou defendesse uma ideologia revolucionária ou antirrevolucionária, progressista ou reacionária, mas que tivesse alcançado ambas as posições por uma via exótica, irracional e não-dialética. Seu entusiasmo revolucionário baseava-se tanto na ignorância da realidade do mundo, quanto o seu conservadorismo (Hauser, 2000, p. 662).

A partir dessa colocação, podemos pensar em um artista importante do romantismo: Eugène Delacroix (1798-1863). Tratava-se de um aristocrata que não tinha nada de panfletário em suas ações, contudo, em 1830, produziu a famosa obra *A Liberdade guiando o povo*, que retrata a insurreição dos parisienses que tinham como objetivo a luta pela república.

A respeito dessa insurreição, Delacroix realiza uma alegoria da liberdade. Com uma base piramidal, ele retrata vários corpos caídos no primeiro plano e, no ponto alto dessa pirâmide, uma mulher forte, impetuosa, de beleza rude, com seios desnudos, segurando a bandeira tricolor como se estivesse ali para secar nossos olhos em pranto. Ao fundo, tudo se mistura à atmosfera da cidade de Paris. A obra demonstra um sentimento forte e sincero com relação aos acontecimentos por parte do artista. Diante do acontecido, o artista teve que tomar uma posição e escolheu ficar ao lado dos rebeldes oprimidos. É interessante fazer uma comparação entre *A jangada da Medusa*, de Géricault, e *A Liberdade guiando o povo*, de Delacroix. Há muitos elementos em comum entre essas duas obras românticas.

Delacroix pintou esse quadro no contexto da Revolução Industrial, em um contexto que envolvia uma série de consequências em relação ao ritmo de vida, ao crescimento populacional nas cidades, à alienação do homem, à exploração do trabalhador, às péssimas condições de habitação e saneamento nos centros urbanos. Essas condições foram fatores que contribuíram muito para o surgimento do espírito romântico. A burguesia industrial iniciou sua rápida ascensão. Era justamente em relação a essa burguesia, que afinal podia ser a única clientela, que os artistas se sentiam em um perpétuo conflito.

Figura 3.14 – *A Liberdade guiando o povo*, de Eugène Delacroix

DELACROIX, Eugène. **A Liberdade guiando o povo**. 1830. 1 óleo sobre tela: color.; 260 cm × 325 cm. Museu do Louvre, Paris, França.

Esses acontecimentos adentraram no século XIX, quando então a classe burguesa se tornou colecionadora, e surgem os críticos dos salões, como o poeta Charles Baudelaire (1821-1867). Paris se tornou um centro cosmopolita, mas a arte se voltava somente a uma minoria. Em relação aos meios técnicos, temos o uso de novas cores, o empastamento, a aquarela, a invenção da litografia, a gravura – e também o surgimento da fotografia, em 1839. A homogeneidade declina em prol da experiência individual. É o anúncio da arte pela arte, a arte sem objetivos externos a não ser o deleite do observador. Antes de Delacroix, segundo Gombrich (1999), um pé de couve e Maria, mãe de Jesus, jamais tinham sido considerados de igual valor como tema artístico.

Síntese

O rococó, que deu prosseguimento ao barroco, enfatizou o detalhamento das formas, o virtuosismo do artista, as temáticas mundanas, triviais, colocando o observador na posição do *voyer*. As tendências classicistas e barrocas conviviam ao mesmo tempo no século XVIII, ou seja, o período não era homogêneo artisticamente. Diante das opções disponíveis, os iluministas elegeram o neoclassicismo para caracterizar seus ideais de uma arte racional e didática – ensinada nas academias de arte.

No mesmo momento histórico, na América Latina, a Igreja Católica desempenhava um papel importante em uma sociedade colonial submetida à brutalidade e à privação. Nas colônias, a arte importada erudita seduzia o espírito popular e se materializava em formas imprevisíveis, fazendo surgir, por exemplo, um barroco alegre e carnavalesco, elucidado em sua plenitude na arquitetura das igrejas da época. Com a invasão de Napoleão à Espanha, as colônias espanholas se tornaram independentes, e o processo revolucionário viu a arte como forma de legitimação, aliada à visibilidade de seus heróis.

As academias de arte, disseminadas pela Europa e inclusive nas colônias, como era o caso do Brasil, preocupavam-se com o bom gosto, o estudo de obras-primas, com temas dignos e majestosos e a necessidade de dar imponência às obras. Assim, o estudo da arte nas academias do século XVIII, as quais tinham como base o estilo neoclássico, deveria dar conta da geometria, da perspectiva, da história, da mitologia, da anatomia, da teoria da arte, da filosofia.

Ao fim do capítulo, o romantismo entra em cena. Foi a ocasião em que a arte assumiu inúmeras formas disfarçadas de sublimar e encontrou expressão em uma série de tentativas de evasão: o utópico, o inconsciente fantástico, o misterioso, a infância, a natureza etc. Portanto, os pintores românticos assumiram um caráter crítico a respeito do contexto histórico da época e recusaram os modelos tradicionais da cultura – incapazes de expressar suas concepções de vida. As mudanças geradas pela revolução industrial e a rápida ascensão da burguesia contribuíram muito para o surgimento do espírito romântico. No período, vimos ainda o declínio da homogeneidade em prol da experiência individual e o anúncio da arte pela arte, sem objetivos externos a não ser o deleite.

Atividades de autoavaliação

1. Assinale a alternativa cujas características **não** correspondem ao estilo rococó:
    a) Retrato de cenas triviais.
    b) Utilização do nu feminino como temática.
    c) Exuberância de linhas curvas.
    d) As grandes telas eram expostas nos palácios de forma a receber a visita gratuita de toda população.

2. Assinale a característica em comum entre o rococó e o neoclassicismo:
    a) Em ambos os estilos, os trabalhos tinham forte cunho político.
    b) Os artistas das duas escolas faziam pesquisas de acontecimentos históricos para os retratos.
    c) Nos dois movimentos, o que mais importava era a distração e o deleite do observador.
    d) Havia em ambos uma grande habilidade artística por parte dos artistas que mais se destacaram.

3. Classifique as afirmações a seguir como verdadeiras (V) ou falsas (F):
   ( ) O Neoclassicismo buscava inspiração na arte grega.
   ( ) O grande pintor mexicano David foi o maior expoente desse estilo.
   ( ) Com as cenas históricas que retratava, David pretendia estimular o povo visando ao apoio aos ideais revolucionários.
   ( ) Napoleão e outros líderes franceses posaram para os retratos de David.

4. Analise as afirmativas e assinale a alternativa correta:
   I) Delacroix, que produziu o quadro *A morte de Socrátes*, é um artista importante do romantismo.
   II) Nas academias de arte, no período da arte acadêmica, era parte do programa a cópia de detalhes de obras consagradas ou até mesmo de obras inteiras.
   III) Em relação à arte latino-americana do início do século XIX, diante do cenário político das independências, as obras de arte aludiam sempre a temas religiosos.
   IV) O romantismo é marcado pelo uso de cores novas, pelo empastamento, pela aquarela, pela litografia e pela gravura.
   a) I e II estão corretas.
   b) Somente II está correta.
   c) II e IV estão corretas.
   d) Nenhuma das alternativas está correta.

5. Considerando o que estudamos sobre a América Latina, assinale a alternativa **incorreta**:
   a) As culturas indígenas interrompidas, arrancadas à bárbara força, encontraram nas reduções jesuíticas a atividade espiritual, a arte.
   b) Na América Latina, a arte importada erudita atraía o espírito popular.
   c) O objetivo do processo revolucionário das colônias espanholas insurgentes era também contar com a arte como aliada.
   d) A cultura indígena nativa foi valorizada pelos colonizadores.

Atividades de aprendizagem

Questões para reflexão

1. Afirmamos, no decorrer do capítulo, que, no romantismo, anuncia-se a "arte pela arte, a arte sem objetivos externos a não ser o deleite do observador". Reflita sobre essa afirmação e escolha duas obras que poderiam caracterizá-la, uma anterior ao anúncio e outra posterior. Justifique sua resposta.

2. Havia uma dificuldade, na América Latina, de transpor as ideias barrocas e neoclássicas europeias. Em uma adaptação do barroco à localidade, surgiu um barroco alegre e carnavalesco. No Brasil, Debret se deparou com o conflito gerado por sua formação neoclássica e a realidade brasileira, de um país monárquico e escravocrata. Qual(is) a(s) razão(ões) dessa dificuldade?

Atividade aplicada: prática

Faça uma análise **comparativa** das três obras discutidas no capítulo relacionadas abaixo, caracterizando as diferentes formas da utilização do elemento humano em cada uma delas:

Artista: Boucher
Obra: *Odalisca*
Período: Rococó

Artista: David
Obra: *A morte de Socrátes*
Período: Neoclassicismo

Artista: Delacroix
Obra: *A Liberdade guiando o povo*
Período: Romantismo

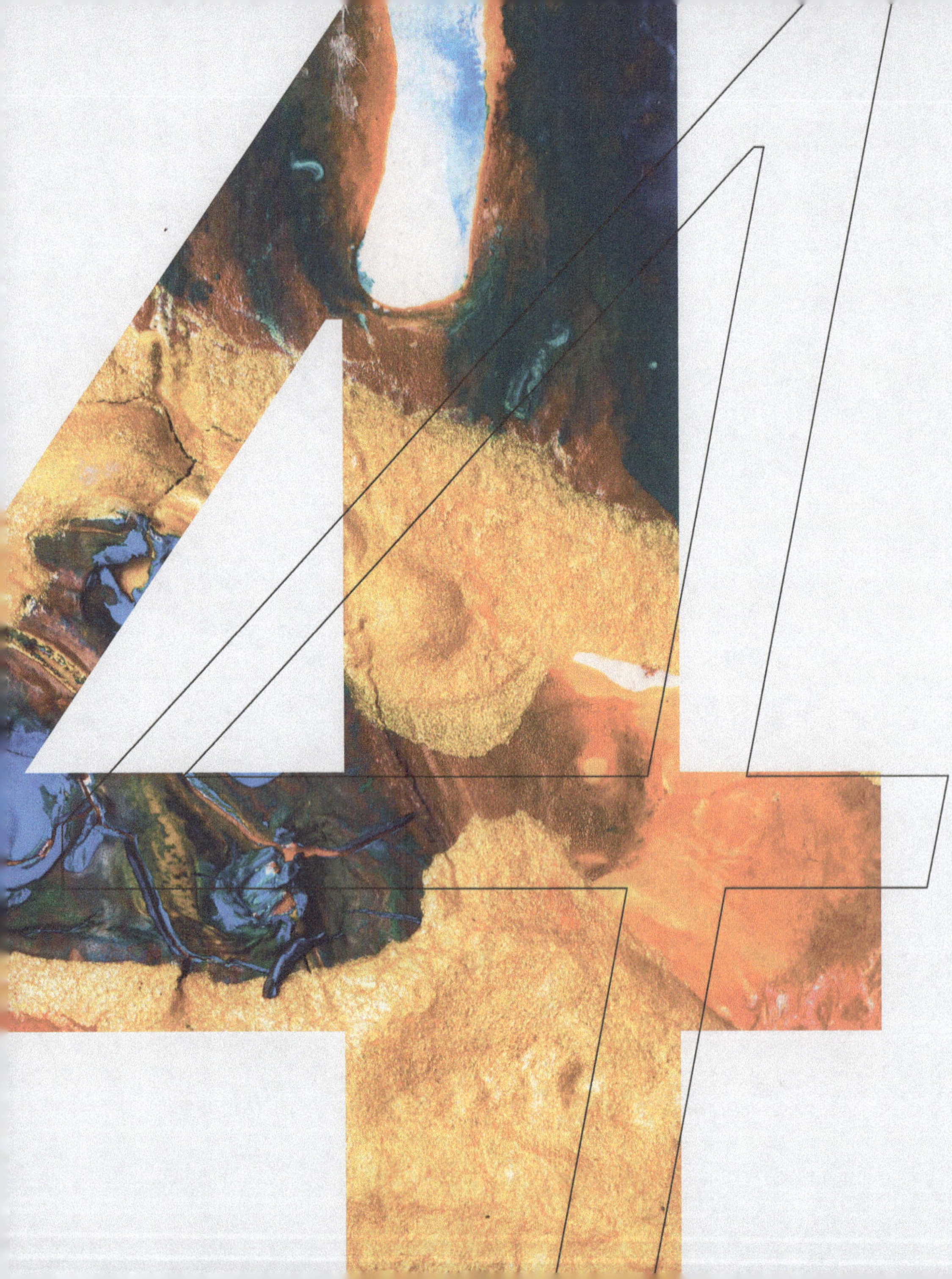

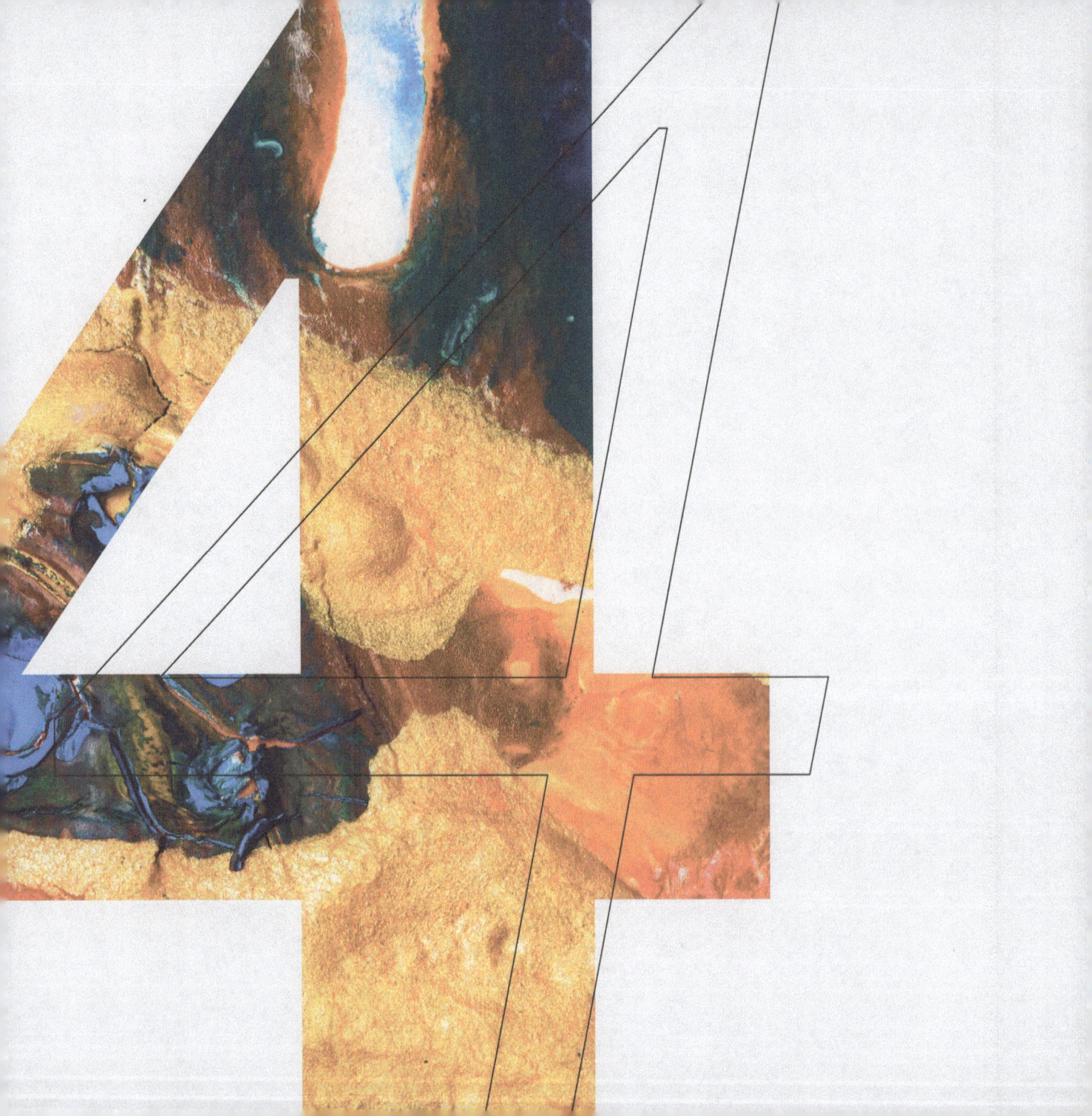

*A preparação
do moderno*

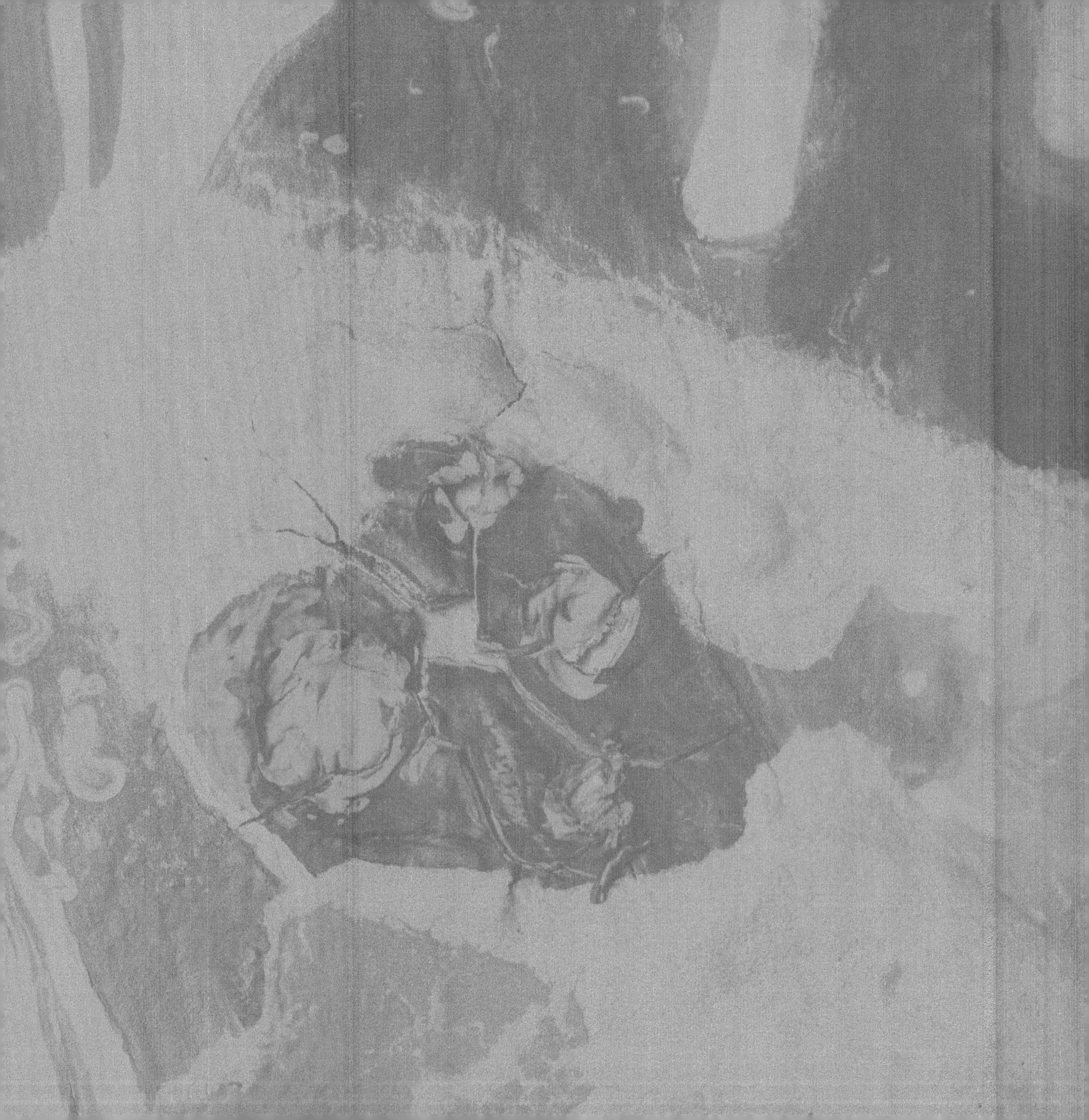

Neste capítulo, descrevemos a sociedade oitocentista francesa, na tentativa de entender melhor a arte do século XIX, fruto do turbilhão de mudanças da época. Para tanto, apresentamos Charles Baudelaire (1821-1867), escritor que tão bem descreveu o ritmo da vida moderna, e Gustave Courbet (1819-1877), pintor que introduziu o realismo na França, abrindo caminho para a arte moderna. Deste artista, analisamos a obra *Enterro em Ornans*, que teve um caráter de ruptura com a arte produzida até então.

Em seguida, realizamos um esboço do modernismo na América Latina tomando como base a discussão da chamada *Paris latino-americana* (Buenos Aires), que teve um grande crescimento econômico entre 1870 e 1914 e se tornou a cidade mais moderna e europeia da América do Sul. Na sequência do item, realçamos a predominância da figura feminina nua, de trabalhadores e pessoas pobres nas obras argentinas e o choque que isso causou à época.

Apresentamos o precursor do impressionismo, o pintor Édouard Manet (1832-1883), dando ênfase ao surgimento das primeiras características do estilo impressionista, com a análise da obra *Almoço na relva* – recusada no Salão Oficial Francês, ainda adepto ao academicismo, mas exposta em outra exposição: o Salão dos Recusados.

Finalmente, discutimos o primeiro movimento moderno da história da arte: o impressionismo, que aconteceu no fim do século XIX e reuniu artistas como Pierre-Auguste

Renoir (1841-1919), Claude Monet (1840-1926), Alfred Sisley (1839-1899) e Camille Pissarro (1830-1903). Logo depois, destacamos que, com o surgimento da fotografia, os pintores começam a procurar outros valores que ela seria incapaz de reproduzir.

4.1 Arte e sociedade na França oitocentista

As décadas que se seguiram à Revolução Francesa foram marcadas por fortes crises políticas na França. Durante o século XIX, o país abrigou inúmeros enfrentamentos entre governistas e insurgentes, e os artistas, sensíveis a esse estado de coisas, externaram, por meio da arte, seu compromisso político com uma sociedade mais igualitária.

4.1.1 Sem motivos para belas utopias

O poeta Charles Baudelaire (1821-1867) é um personagem importante para pensarmos a arte do século XIX. Sustentando pela mãe, adepto da vida boêmia e destaque na literatura por ter escrito poemas que compuseram o livro *As flores do mal*, ele considerava que era preciso que os artistas plásticos exprimissem o heroísmo da vida moderna. Ao pensarmos em Baudelaire, imediatamente vem à nossa mente a figura do *flâneur*. Trata-se de um tipo humano, uma figura que vaga pelas ruas da nova metrópole, observando as mudanças ocasionadas pelo surgimento do ritmo da vida moderna. Baudelaire absorvia a realidade de sua época e a transformava em ouro, em material artístico literário.

   O artista Gustave Courbet (1819-1877), amigo de boemia de Baudelaire, também dependente do sustento do pai, foi o artista que, de fato, conseguiu realizar muitas das aspirações do literato. Como pintava quadros que exprimiam o heroísmo da vida moderna, devido a esse estilo artístico, Courbet não era admirado pelos simpatizantes do academicismo. Em 1855, por exemplo, nenhum de seus quadros foi admitido na exposição de Paris. O artista expôs seus trabalhos em um barracão onde distribuiu um manifesto em que ele esboçou algumas ideias sobre o realismo, um estilo da cultura ocidental que representava as pessoas comuns e sua realidade cotidiana com base na observação cuidadosa. Com esse gesto, desafiou séculos de tradição. Baseado em atitudes progressistas, o realismo adquiriu uma dimensão política democrática por sua inclusão e acessibilidade para as pessoas comuns, não versadas nos clássicos, mas capazes de reconhecer a verdade.

Para os críticos conservadores e acadêmicos da metade do século XIX, faltava idealismo e moralidade ao realismo de Courbet, que, na opinião deles, retratava o feio, o obsceno, o vulgar. Para Hauser (2000), a grande preocupação estava mais no fato de que eles sabiam que a arte de Courbet era o arsenal revolucionário do realismo – Courbet contra o novo homem burguês e a nova ordem burguesa.

Na realidade, o conceito e a própria prática do realismo não eram novos, nem se resumiram unicamente a Courbet e ao século XIX. Na história da arte, tivemos outros artistas que realizaram trabalhos com esse cunho. Contudo, a obra de

Figura 4.1 – Canto superior direito da tela *Enterro em Ornans*, de Gustave Courbet

COURBET, Gustave. **Enterro em Ornans**. 1849. 1 óleo sobre tela: color.; 315 cm × 668 cm. Museu d'Orsay, Paris, França.

Courbet está localizada em um período de transição na arte: o da tradição clássica para a arte moderna. Dessa forma, seu trabalho foi extremamente revolucionário para o período, estabelecendo uma ruptura de impacto e abrindo caminho para o modernismo.

No livro *Modernidade e modernismo*, de Francis Frascina et al. (1998), encontramos algumas reflexões interessantes a respeito desse caráter de ruptura da arte de Courbet. Seu trabalho não é nada convencional, por isso exibe um quê de moderno, uma vez que, no moderno, não há convenção, não há códigos convencionais. É bom que saibamos que os quadros de Courbet não têm uma aparência realista, a pincelada não é lisa, e ele não usa cores solenes, trabalhando com empasto. De acordo com Argan (1992), seus empastos são espessos e pesados, ou seja, o material pictórico não é dissimulado, é aparente.

4.1.2 O engajamento de Courbet

Um quadro muito polêmico teria sido *Enterro em Ornans* (Figura 4.2), a cidade natal do pintor. Nele, Courbet retrata quase 50 pessoas ao ar livre em torno de um evento solene. É uma obra sobre um ritual religioso, mas não apela em nada para um sentido de moralidade ou de tentativa de conversão. Os rostos e olhares das pessoas são neutros e a maioria esmagadora não parece envolvida com o acontecimento. Courbet não tinha a intenção de criticar, moralizar, nem idealizar. Ele apenas queria mostrar a ambiguidade interna daquela sociedade e objetivava fazer um levantamento social da sociedade rural, dirigindo-se com propósito crítico em relação à sociedade parisiense acostumada à idealização do campo.

Figura 4.2 – *Enterro em Ornans*, de Gustave Courbet

COURBET, Gustave. **Enterro em Ornans**. 1849. 1 óleo sobre tela: color.; 315 cm × 668 cm. Museu d'Orsay, Paris, França.

A modernização havia chegado ao campo, o crescimento populacional fez com que houvesse um aumento na divisão de terras, até por causa de herança. O endividamento também contribuiu para divisões. Começou a crescer o número de latifundiários, e muitos camponeses migraram para os centros urbanos. A burguesia extorquia altos impostos e juros, por isso os camponeses, ressentidos, começaram a se organizar politicamente. Já não havia um típico camponês padrão. Toda essa mudança era de alguma forma captada e retratada por Courbet, que, apesar de ser oriundo de uma família de algumas posses, conheceu, de dentro, a realidade do campesinato, já que sua família era camponesa. Dessa forma, o artista compreendia o proletariado que trabalhava nas cidades e que outrora fora camponês. Ele retratava o que eles tinham deixado e aquilo de que não tinham a mínima saudade.

Acabar com o campo mitificado era ameaçador para a burguesia. Para Courbet, a oposição política à burguesia era a oposição também à arte burguesa. O artista lutava com as armas que tinha: a arte. Os salões que consagravam a arte acadêmica, oficialmente, esperavam um campo idealizado e não foi isso que Courbet deu a eles. A partir da obra *Enterro em Ornans*, o artista estabeleceu uma prática artística e política coerente, desenvolvendo essa linha de atuação com mais maturidade.

A arte romântica estava baseada em um idealismo político, em utopias, enquanto o realismo era a oposição a ela. As várias revoltas e reviravoltas políticas mostraram o fracasso dessas utopias e obrigaram as pessoas a se aterem aos fatos. A Revolução de 1848, por exemplo, é uma experiência que teria inspirado muito o realismo. A partir de 1830, cresceu o proletariado urbano e, entre 1845 e 1847, as colheitas na França sofreram com a praga das batatas, muitas fábricas fecharam e os salários caíram. Esses acontecimentos contribuíram para o surgimento de sociedades secretas, ligadas ao movimento republicano e ao socialismo utópico. Em fevereiro de 1848, milhares de insatisfeitos combinaram uma revolta para derrubar o Rei Luis Felipe e tomaram Paris com barricadas. A guarda nacional os conteve e desfilou pelas ruas ostentando cerca de 500 corpos, acontecimento que incitou ainda mais a revolta. Começou uma luta aberta em que muitos soldados da própria guarda se uniram aos manifestantes. Luis Felipe se viu obrigado a abdicar do trono. Surgia assim a Segunda República. Em julho, ainda descontentes com o novo governo, manifestantes reiniciaram as agitações. Finalmente, em novembro do mesmo ano, foi promulgada a constituição e a república presidencial. Luis Napoleão, sobrinho de Napoleão, foi eleito. Em 1851, no entanto, um ano antes das eleições seguintes, articulou um golpe de estado, criando o Segundo Império. Esses acontecimentos decepcionaram muito a sociedade da época, para quem já não havia mais motivos nem possibilidades de sustentar belas utopias. A grande importância do trabalho de Courbet estava em estabelecer um rompimento com o idealismo romântico, que não tinha mais razão de ser na arte da época. Também trouxe os primeiros indícios do moderno.

4.1.3 A Paris do século XIX

Retornemos ao período imediatamente anterior ao dos conflitos da primeira metade do século XIX. Em 1789, o povo invadiu a Bastilha, que era uma prisão-fortaleza existente em Paris. A notícia se espalhou logo e os camponeses invadiram propriedades, castelos e mosteiros. A sociedade francesa do século XVIII, antes da revolução, era composta por alto e baixo clero e alta e baixa nobreza; 96% da população eram de camponeses, burgueses e artesãos que pagavam altos impostos. A aspiração de igualdade e liberdade política e as ideias iluministas influenciaram a revolução. A partir de 1789, ocorreu a ascensão da sociedade burguesa e uma transição para a sociedade capitalista. A bandeira tricolor da França foi instaurada, separou-se o Estado da Igreja, e a educação tornou-se pública e gratuita. Entretanto, tudo isso somente aconteceu à medida que a burguesia triunfante permitiu.

Poucos anos depois, em 1815, ocorreu a queda de Napoleão e a perseguição bonapartista. Conflitos políticos caracterizam a França do século XIX, com várias batalhas e muitas perdas. Essa situação política teve vários resultados negativos, como a paralisia do setor industrial, a estagnação da economia, a redução de salários e o desemprego.

O proletariado revoltou-se, mas foi violentamente repreendido. Revelava-se a hipocrisia da burguesia que antes apoiou a revolução. As moradias eram indignas, os gêneros de primeira necessidade tinham um custo elevado, as condições de trabalho eram ruins e as doenças se proliferavam. No período da revolução e no Primeiro Império, ou seja, na passagem do século XVIII para o XIX, Paris tinha 500 mil habitantes. No governo de Napoleão III, pouco antes da metade do século XIX, passou a ter 1 milhão de habitantes. O centro da cidade, com suas ruas medievais não suportava o crescimento, não havia higienização nem saneamento (Menezes, 2002). Na atualidade, Paris ainda conserva algumas de suas estreitas ruas medievais, como nos mostra a Figura 4.3.

Figura 4.3 – Fotos de Paris (a) uma rua do bairro Montmartre e (b) vista da Rua Castiglione

Figura 4.4 – Paris, Boulevard des Italiens, (a) início do século XX e (b) novembro 2013

Para eliminar as possibilidades de barricadas, iniciou-se a modernização da cidade e a criação dos *boulevards*. Foi neles que, em 1851, a população foi massacrada com fuzis, ainda no governo de Napoleão III. Pouco antes, a fim de representar a insurreição dos parisienses que lutavam pela república em 1830 na França, o artista Eugène Delacroix (1798-1863) pintou o famoso quadro citado no capítulo anterior, *A Liberdade guiando o povo*.

No século XIX, a cidade de Paris passou por uma reforma urbana coordenada pelo Barão Hausmann, a pedido de Napoleão III. Os *boulevards* destruíram os bairros medievais, bem como os estreitos becos, para conter uma possível nova insurgência popular. Nesse cenário, o poeta Baudelaire percebeu a multidão que andava em desvario, empurrada pelo ritmo das fábricas, vagando pelas ruas, indiferentes aos demais. Assim, um modelo de modernidade urbana com grandes vias para rápida circulação de cargas e transportes de pessoas se instaurou. Paris se tornou a capital do fútil: seus cafés, *boulevards* e salões eram "frequentados por uma sociedade esquálida, desejosa por ver seu rosto refletido em tudo o que construía e podia comprar" (Menezes, 2002, p. 108).

Mulheres e crianças trabalhavam mais de 16 horas por dia. Evidentemente houve uma melhora na urbanização, no transporte e nas comunicações, porém, de outro lado, houve muita perda. As fachadas passaram a mascarar a miséria e a desintegração social, e os artistas não ficaram indiferentes a esse cenário.

O poeta Baudelaire observou que a geografia parecia aproximar as pessoas, mas a dinâmica da vida moderna as afastava, dada a correria com que cada indivíduo se envolvia. O poema a seguir, segundo Walter Benjamin (1989), retrata uma situação inovadora bem observada pelo poeta Baudelaire: o amor à última vista.

A uma passante

A rua em torno era um frenético alarido.
Toda de luto, alta e sutil, dor majestosa,
Uma mulher passou, com sua mão suntuosa
Erguendo e sacudindo a barra do vestido.
Pernas de estátua, era-lhe a imagem nobre e fina.
Qual bizarro basbaque, afoito eu lhe bebia
No olhar, céu lívido onde aflora a ventania,
A doçura que envolve e o prazer que assassina.
Que luz... e a noite após! – Efêmera beldade
Cujos olhos me fazem nascer outra vez,
Não mais hei de te ver senão na eternidade?
Longe daqui! tarde demais! "nunca" talvez!
Pois de ti já me fui, de mim tu já fugiste,
Tu que eu teria amado, ó tu que bem o viste!
(Baudelaire, 1985, p. 361)

Em Baudelaire, vemos uma recusa violenta do mundo moderno banalizado, corruptor do espírito, mas também a consciência de que "o artista moderno está ancorado no presente e não pode escapar dele" (Coli, 1989, p. 225-245). De um lado, a modernidade banal engendra o tédio; de outro, a modernidade que, pela transfiguração nela operada pela arte, é fonte de fascínio.

Baudelaire utiliza o processo de modernização como fonte de energia para sua produção artística e reflete uma decepção com o desenvolvimento tecnológico e com o pragmatismo do mundo burguês.

> Na literatura, o realismo triunfou com Gustave Flaubert (1821-1880) e seu livro *Madame Bovary*, que o tornou em pouco tempo um dos escritores mais célebres da França. O livro trata da falta de esperança e do desespero de Emma Bovary, que, ao ver-se presa a um casamento entediante com um médico provinciano, se enreda em paixões extraconjugais. Flaubert levou quase cinco anos para escrever o livro, porque inventou um estilo novo e moderno, em que escrevia e reescrevia sucessivamente até encontrar a precisão das palavras. *Madame Bovary* foi publicado a partir de outubro de 1856, em capítulos, na *Revue de Paris*, mas foi censurado pela Polícia Correcional francesa acusado de imoralidade. Na verdade, o romance atacava a falsidade e mostrava as fragilidades da sociedade burguesa da época. Em janeiro de 1857, Flaubert sentou-se no banco dos réus, onde, depois das insistências dos curiosos para saber quem era Emma Bovary, declarou a eternizada frase: "Madame Bovary sou eu." (Flaubert, 1971).
> Assista ao filme:
>
> MADAME BOVARY. Direção: Sophie Barthes. Alemanha/Bélgica/EUA, 2014. 118 min.

4.2 Esboços do Modernismo na América Latina

A elite argentina novecentista, desejosa de reproduzir na colônia o ambiente por ela frequentado nas idas à capital francesa, investiu na remodelação da cidade de Buenos Aires e fez o mesmo com as artes, a fim de garantir suas atividades de lazer.

4.2.1 A Paris latino-americana: Buenos Aires (século XIX)[1]

Entre 1870 e 1920, a cidade de Buenos Aires, que se delineou nesse período, foi pensada nos moldes das grandes metrópoles europeias, com sua arquitetura marcada pelas influências francesa e inglesa. O mais importante é que a cidade, que veio a ser denominada de *Metrópole dos Pampas*, "se diferenciou

---

[1] Todo o item 4.2.1 foi realizado com base no texto de Lenz, 2012.

de suas congêneres europeias, pois nela o choque entre a modernidade e a pobreza foi ainda mais dramático, dando-lhe uma conformação peculiar em relação às demais" (Lenz, 2012).

No imaginário latino, ficou a imagem da

> cidade de Buenos Aires concebida nos moldes de Paris, a figura do grande proprietário de terras educado na Inglaterra e cidadão do mundo, os teatros argentinos fazendo parte do circuito europeu de espetáculos no mesmo nível das principais cidades europeias e tantos exemplos mais, com tantas peculiaridades que diferenciava a Argentina dos demais países da América Latina (Lenz, 2012).

Nesse período, houve um grande crescimento econômico na Argentina. Entre 1870 e 1914, chegaram ao país quase 6 milhões de imigrantes, principalmente homens jovens, espanhóis e italianos. Assim,

Figura 4.5 – Buenos Aires, início do século XX

Figura 4.6 – Plaza de Mayo, hoje

> o entrelaçamento de vários fatores criou um país rico, com características como espaço, deserto, rede ferroviária e grandes contingentes de estrangeiros que, no seu conjunto, marcaram o período de intenso crescimento e a identidade da nação argentina, dando as condições para que a cidade de Buenos Aires se transformasse na cidade mais moderna e europeia da América do Sul (Lenz, 2012).

Buenos Aires, na década de 1880, era a capital política, financeira e econômica do país e, durante muito tempo, seu único grande foco cultural. Em sua transformação, houve a busca em fontes europeias. A capital resultou em um exemplo a ser imitado pelas cidades do interior. Um marco importante foi o início da construção da Avenida de Mayo, em 1884, que previa a realização de

> uma via de 30 metros de largura cortando em dois o coração do centro da cidade. Assim, foi iniciado um trabalho febril para a hierarquização dos espaços urbanos, com sentido paisagístico, estético e higiênico. Esse processo teve continuidade com a inauguração do Jardim Botânico, como anexo do Paseo Palermo, que havia sido o parque de residência do Governador Rosas, modificado com um desenho que se aproximava do parisiense Bois de Boulogne e suas avenidas, cenário para o passeio das carruagens dos elegantes no final do século (Lenz, 2012).

> A modernização e a europeização mudaram o uso dos espaços públicos e a mulher encontrou novos espaços: as compras nas grandes lojas, as confeitarias, os passeios. Finalmente, o ponto máximo desse processo foi a inauguração, em 1894, da Avenida de Mayo, que finalizou a modificação do processo urbanístico da cidade. Ela reafirmou a centralidade da Plaza de Mayo.
> Na época de seu auge, o centro também era o principal espaço para os tradicionais cafés da cidade. Estes invadiram a cidade da mesma forma que em Paris, mas com uma diferença: em Buenos Aires estavam situados junto a calçadas, e o pedestre circulava junto à fachada. A Avenida de Mayo foi então um verdadeiro salão urbano, lugar de passeio e também de desfiles, cerimônias e festejos (Lenz, 2012).

Ela lembra, em muitos aspectos, a Paris do *flâneur* Charles Baudelaire.

4.2.2 O papel do nu na arte argentina finessecular[2]

Alguns artistas na Buenos Aires do final do século XIX se mostravam contrários às convenções sociais e demonstravam uma resistência aos valores em vigência ligados às obras de arte. Utilizando como modelo para suas obras a figura feminina nua, eles atacavam os pudores, a vergonha e o decoro da época. Junto aos nus, outros trabalhos que representavam trabalhadores e pessoas pobres cujo corpo estava desgastado pela vida difícil chocavam o público da época. O nu era representado há séculos nas obras de arte, mas era um nu idealizado, distante, belo, muitas vezes mitológico. O incômodo ocorria pelo fato de se tratar de um nu real, próximo, sem idealização.

Em 1876, um grupo de jovens fundou a Sociedade de Estímulo às Belas Artes. Seu objetivo era fazer de Buenos Aires uma grande capital artística. O modelo que os inspirou foi o modelo europeu. Muitos artistas foram estudar na Europa, mais precisamente na Itália e na França, com subvenção do governo.

Um artista argentino que foi estudar na França nesse período foi Eduardo Sívori (1847-1918). Com seu quadro *O despertar da criada* (Figura 4.7), conseguiu um lugar no Salão Francês de Belas Artes de 1887.

A tela mostra justamente o momento em que a criada acorda; ela está prestes a vestir a roupa, pois se encontra nua e sabe que um dia laborioso a espera. O interior do quarto é bem singelo. Não se trata de um corpo idealizado; é um nu feminino imperfeito, que representa a mulher de uma classe popular. Ele lembra muitos trabalhos do pintor realista Courbet. A crítica parisiense da época apontava para o fato de que se trata de um trabalho de estilo naturalista, que retrata uma moça pobre, feia e maltratada em uma cama também muito pobre, prestes a vestir suas meias imundas. Diziam ainda que se tratava de uma moça grosseira e forte, acostumada ao trabalho pesado com seus membros fortes e musculosos. Na Argentina, o trabalho feminino causava escândalo. É importante lembrar que, para a sociedade burguesa da época, a mulher que trabalhava fora de casa, que precisava ganhar dinheiro, era vista como uma prostituta e considerada um perigo para a sociedade. Algo curioso que se dizia sobre a pintura, por exemplo, é que ela seria mais apreciada se o pintor tivesse pintando o despertar de uma dona de casa, de uma mãe de família.

---

2   Este item é uma tradução livre da autora, que teve como base o texto de Encuentro, 2016a.

Figura 4.7 – *O despertar da criada*, de Eduardo Sívori

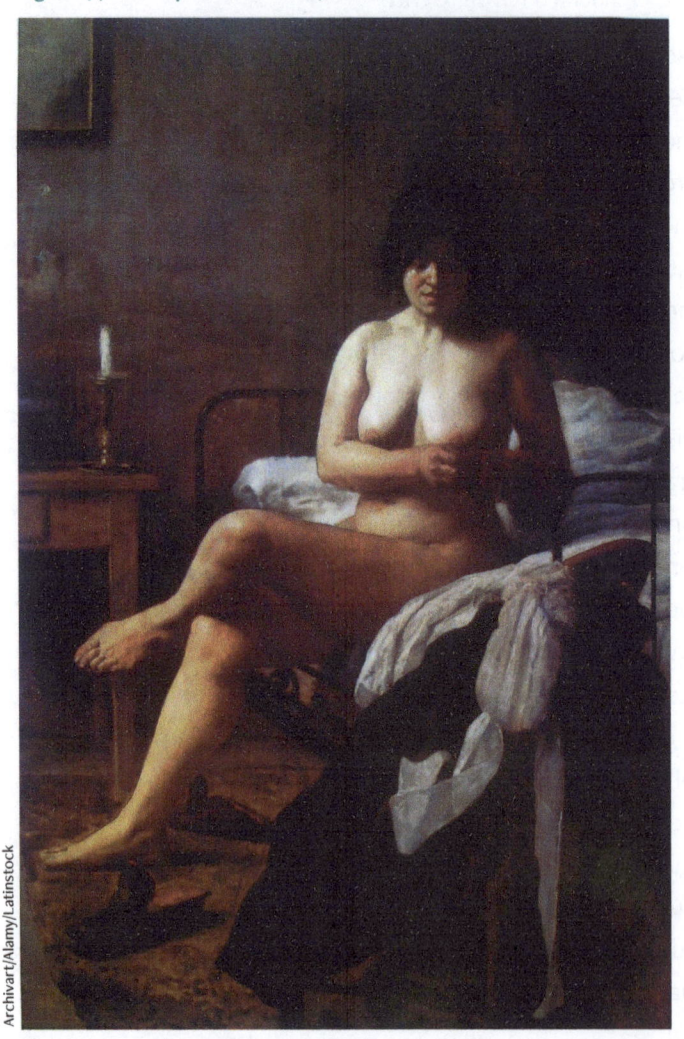

SÍLVORI, Eduardo. **O despertar da criada**. 1887. 1 óleo sobre tela: color; 192 cm × 131 cm. Museu Nacional de Belas Artes, Buenos Aires, Argentina.

Dado interessante é o fato de que, no ano de 1890, a Argentina passava por uma forte crise econômica, e as análises dos entendidos da época mostravam a necessidade de cortar gastos. Assim, alguns argumentavam que seria preciso cortar, por exemplo, as bolsas dos artistas que estudavam no exterior. Justificavam essa posição apontando que havia dúvidas se eles de fato estariam aprendendo a pintar, já que, ao retornarem, expunham obras escandalosas, como o referido quadro de Eduardo Sívori.

O fato é que o nu, para esses artistas, era o campo de batalha da arte moderna. Artistas e intelectuais criaram uma revista chamada *A Ilustração Argentina*, em que começaram a discutir a arte moderna e a necessidade de uma arte mais nacionalista, da criação de uma iconografia nacional. Nessa revista, também publicavam reproduções de obras inovadoras. O grupo, que ambiciona arejar a arte argentina, debatia ideias mesclando o tradicional e o moderno, até porque não havia como inovar radicalmente em uma comunidade que ainda não consumiria transgressões muito radicais.

Na atualidade, os artistas costumam falar com certo cuidado a respeito daquele período, do final do século XIX, uma vez que o consideram um período frutífero, porém também um período sombrio, pois os artistas da época tiveram de se profissionalizar e trabalhar arduamente na missão de compor o meio artístico em um local que era um tanto conservador e no qual havia muito a fazer. Foram tempos conturbados, em que muitos dos artistas revolucionários, por meio da representação do nu e da pobreza, conquistaram um espaço importante. Hoje, é possível ver os quadros desse período no Museo Nacional de Bellas Artes, na Argentina. Podemos dizer que a profissionalização do artista, a árdua missão de compor o meio artístico, começando do zero em meio ao conservadorismo, foi uma situação que ocorreu não apenas na Argentina, mas também em outros países da América Latina.

> Em Paris, os cafés intensificavam a cena noturna reunindo artistas, boêmios, intelectuais, prostitutas. Buenos Aires também não ficava atrás: no final do século XIX "contava com mais de 200 casas de prostituição. A procura pelas prostitutas era tão grande que os homens faziam fila à espera de fácil prazer sexual. Foi quando a grande circulação de pessoas nas casas de prostituição argentinas deu espaço para a encenação de números musicais enquanto os clientes esperavam a sua vez. Nesse instante, apareciam grupos que intercambiavam suas distintas experiências musicais. A polca europeia, a havaneira cubana, o candombe uruguaio e a milonga espanhola firmaram o nascimento do tango argentino" (História do mundo, 2016).

4.3 Um precursor de valor inestimável e o primeiro movimento moderno

O ritmo da sociedade moderna impôs ao indivíduo a necessidade de estabelecer diferentes relações. Édouard Manet (1832-1883), artista oriundo da elite parisiense e que abriu caminho para o primeiro movimento de arte moderna, o impressionismo, interessou-se por representar em suas pinturas essas relações impostas pelo capitalismo, pelo novo modo de vida burguesa. A ideia de negócio esteve presente com muita força em suas obras.

4.3.1 Herói da vida moderna: Manet

Nem clássico, nem romântico, nem moderno no sentido das experiências formais que lhe foram posteriores, Manet era o pintor da modernidade. Como Baudelaire, tomava seus assuntos apenas no mundo que lhe era contemporâneo, retratava seres que pertenciam à modernidade urbana do século XIX, não se refugiava na paisagem ou natureza-morta, não exaltava o universo arcaico do campo (Coli, 1989). Vejamos agora o quadro de Édouard Manet que está no Museu de Arte de São Paulo (MASP), intitulado *O artista: retrato de Marcellin Desboutin*.

Esse quatro foi recusado no Salão de Belas Artes de 1875 e exposto ao lado de outras obras no ateliê de Manet, com grande sucesso de público.

Figura 4.8 – *O artista: retrato de Marcellin Desboutin*, de Édouard Manet

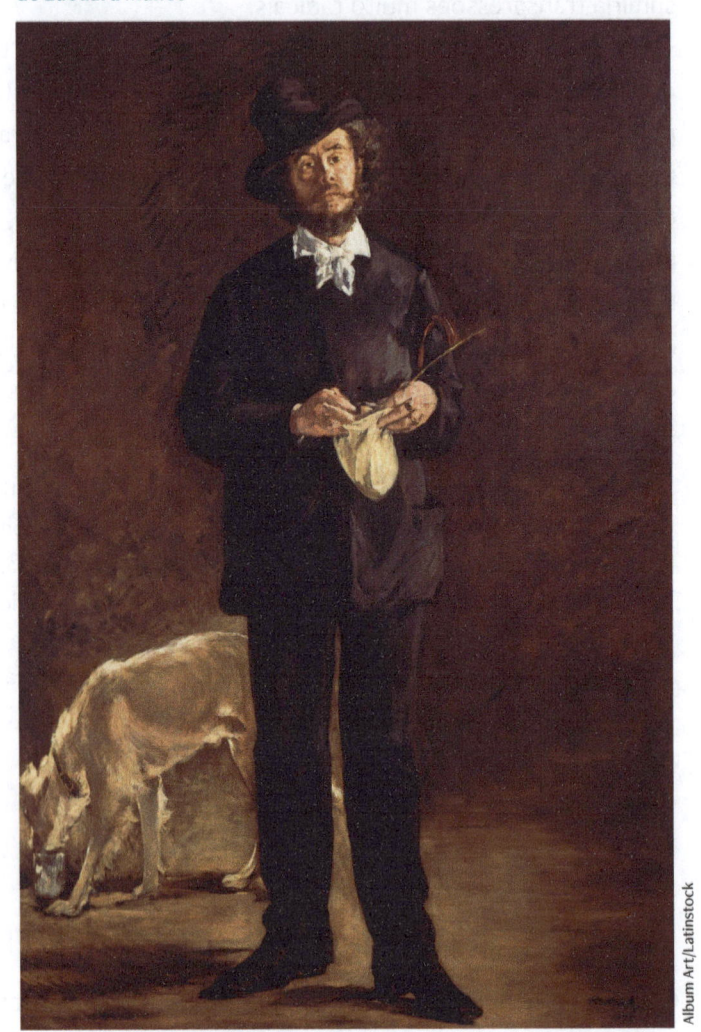

MANET, Édouard. **O artista: retrato de Marcellin Desboutin**. 1875. 1 óleo sobre tela: color.; 195,5 cm × 131,5 cm. Museu de Arte de São Paulo, São Paulo, Brasil.

No convite da exposição estava a frase "Fazer a verdade e deixar dizer.", em resposta ao júri do Salão Oficial. Podemos observar a fusão do solo com o fundo e também o cachorro pintado com pinceladas vigorosas e luminosas que bebe no copo de alguém, o que reforça a imagem do artista boêmio que vagueia pelas ruas. O artista retratado era de origem aristocrática e foi escritor, pintor, gravador e dramaturgo. Acabou conhecendo Manet em um café que era reduto dos artistas modernistas da época (Duprat, 2009).

Nesse trabalho, a modernidade está presente nos "interiores esfumaçados da modernidade, tão caros a Baudelaire". No referido retrato, encontramos também "essa indiferença fundamental dos seres, misteriosa, vazia, própria de Manet e, segundo ele, uma atualidade moderna, sem sentimentalismo, sem memória, sem história" (Coli, 1989, p. 240).

Podemos imaginar os motivos da recusa dos trabalhos de Manet pelos seus contemporâneos. O olhar do indivíduo da época, carregado de parâmetros culturais, repleto de saber coletivo, olhar que apreende, interpreta e situa, encontrou-se diante de situações novas para as quais não mais contava com referências seguras (Coli, 1989).

A arte se voltou para si própria, era a pura visualidade e houve um ataque à história da arte. O antigo repertório de temas foi substituído por um novo e pessoal, cujo simbolismo era criado pelo próprio artista. As pessoas, por sua vez, tinham dificuldade em compreender o artista (Coli, 1989).

Manet realizou uma porção de releituras, engendrou o novo em relação àquilo que o precedia. Para Manet, a paisagem era o lugar onde o humano se encontrava, e este, em toda a obra do artista, era o tema que lhe interessava. Por todas essas características, Manet se distinguia tanto de tudo que o precedia quanto do impressionismo e de outros movimentos que o sucederam: foi um precursor (Coli, 1989).

Na obra *O artista: retrato de Marcellin Desboutin* (Figura 4.9), podemos observar o olhar de desamparo do artista retratado por Manet. É um olhar indiferente, vazio, perdido na contemplação própria e isolada, sem revelar o menor indício de expressão da alma.

Figura 4.9 – *O artista: retrato de Marcellin Desboutin* (detalhe), de Édouard Manet

MANET, Édouard. **O artista: retrato de Marcellin Desboutin** (detalhe). 1875. 1 óleo sobre tela: color.; 195,5 cm × 131,5 cm. Museu de Arte de São Paulo, São Paulo, Brasil.

4.3.2 A recusa no Salão Oficial

Na França, a pintura acadêmica inspirava-se no classicismo, de modo que entre os parâmetros seguidos destacavam-se a utilização do *trompe l'oeil* (ilusão de realismo), o uso do desenho impecável, a predileção por temas nobres. Os pintores representantes dessa arte eram reconhecidos no período como talentosíssimos, mas posteriormente foram ignorados pela história da arte e pelas gerações seguintes. Depois que a arte moderna se estabeleceu, chegaram até mesmo a ter seus trabalhos escondidos no subsolo dos museus.

Como outros anteriores, o Salão de Belas Artes parisiense de 1863 abrigou obras de orientação acadêmica, mas outras tendências surgiam na época, entre elas as que encarnavam a renovação. A inscrição da pintura de Manet *Almoço na relva* (Figura 4.10) nesse salão exemplifica perfeitamente o embate entre aqueles que queriam modernizar e os acadêmicos.

Figura 4.10 – *Almoço na relva*, de Édouard Manet

MANET, Édouard. **Almoço na relva**. 1863. 1 óleo sobre tela: color.; 214 cm × 269 cm. Museu do Louvre, Paris, França.

Na imagem, o artista criticou a burguesia hipócrita que pregava um discurso de moralidade, mas que à surdina frequentava os prostíbulos locais.

Trata-se da cena de um piquenique, um almoço nos arredores de Paris, em que dois distintos senhores da sociedade, vestindo trajes da moda da época, entregam-se a um encontro amoroso com duas prostitutas – uma delas aparece nua. A pintura, que foi recusada no salão oficial, tornou-se um ícone da história da arte. Na época, Manet, cuja família era rica e influente, obteve um espaço mais notório que o do salão oficial para apresentar ao público as obras recusadas – trata-se do conhecido Salão dos Recusados. *Almoço na relva*, que foi a menina dos olhos do salão paralelo, além de ter causado polêmica pela ousadia temática, também surpreendeu pelo uso do branco e do negro que foram aplicados puros na tela, lado a lado, como nunca tinham sido até então.

4.3.3 Impressionismo

O impressionismo foi o primeiro movimento da arte moderna e aconteceu no fim do século XIX, reunindo artistas como Pierre-Auguste Renoir (1841-1919), Claude Monet (1840-1926), Alfred Sisley (1839-1899) e Camille Pissarro (1830-1903).

O surgimento e a popularização da fotografia contribuíram para que os pintores começassem a procurar outros valores que a fotografia seria incapaz de reproduzir, como as texturas. Não havia motivo para um pintor insistir em fazer um retrato realista se a fotografia nisso era bem mais eficiente. Os artistas se inspiraram em pesquisas ópticas sobre a luz, tentando captar determinada luminosidade que incidisse sobre o objeto em diferentes momentos do dia, em diferentes estações do ano. O objeto retratado ficava agora em segundo plano, pois o que mais importava era a forma de retratá-lo. Os impressionistas eram, sobretudo, paisagistas e andavam pelas suas cidades em busca de um bom motivo para retratar. O patenteamento do tubo metálico flexível de tinta contribuiu para essa empreitada. As telas também precisavam diminuir de tamanho. Essas condições contribuíram para que os artistas se deslocassem facilmente por todos os cantos sem aquela parafernália pesada que antes os acompanhava. Em algumas telas impressionistas, há pequenos ciscos da natureza que acabaram trazidos pelo vento e se incorporando aos quadros, uma vez que os artistas pintavam ao ar livre. Aliás, essa era uma prática inovadora, pois, antes, o artista fazia os retratos no interior do ateliê, com luz artificial, imaginando as cores.

Em relação às experiências ópticas, podemos verificar que os artistas não misturavam as cores na paleta antes de colocá-las na tela; colocavam-nas puras, justapostas, o amarelo ao lado do azul – o verde forma-se no olho do observador. Trabalhavam com pinceladas soltas e rápidas para conseguir captar justamente aquele instante de luminosidade, até porque logo poderia passar uma nuvem ou, se demorassem, o sol mudaria de posição e a luminosidade já não seria mais a mesma.

O mais famoso pintor do movimento, Claude Monet (1840-1926), mandou construir em sua propriedade em Giverny um jardim japonês. Lá, passou muito tempo ao ar livre pintando. Essa exagerada exposição ao sol rendeu-lhe a doença da catarata. É interessante observar os inúmeros retratos que o artista fez da ponte japonesa em sua propriedade, pois a doença certamente interferiu na forma como ele enxergava e retratava.

Em *A canoa sobre o Epte* (Figura 4.11), Monet sugere a influência da estampa japonesa, em voga na época e também da fotografia. Há um corte diagonal, um enquadramento inusitado, que ainda não havia sido usado anteriormente e que divide a cena em dois planos: o de cima e o de baixo. Junto a outras telas parecidas em que o artista retratou a mesma cena, percebemos que ele fez experiências com o *zoom* fotográfico, distanciando e aproximando a lente da máquina fotográfica das duas mulheres na canoa. As retratadas são Suzane e Blanche, filhas de Alice, a segunda esposa de Monet. Também supomos forte semelhança com os trabalhos do artista japonês Katsushika Hokusai (1760-1849). A Figura 4.12 mostra uma de suas obras que evidencia a influência da arte oriental na obra de Monet.

Figura 4.11 – *A canoa sobre o Epte*, de Claude Monet

MONET, Claude. **A canoa sobre o Epte**. 1890. 1 óleo sobre tela: color.; 133 cm × 145 cm. Museu de Arte de São Paulo, São Paulo, Brasil.

Figura 4.12 – *Ushibori in Hitachi Province*, de Hokusai

HOKUSAI, Katsushika. **Ushibori in Hitachi Province**. ca. 1831. Período Edo japonês. Cópia policromada *woodblock*; tinta e cor sobre papel: 25,4 cm × 38,1 cm. Zen Hokusai Iitsu hitsu. The Metropolitan Museum of Art, The Howard Mansfield Collection, Purchase, Rogers Fund, 1936. Nova York, EUA.

Figura 4.13 – *A canoa sobre o Epte* (detalhe), de Claude Monet

Monet, Claude. **A canoa sobre o Epte** (detalhe). 1890. 1 óleo sobre tela: color.; 133 cm × 145 cm. Museu de Arte de São Paulo, São Paulo, Brasil.

Vamos ver agora um detalhe da imagem ampliada (Figura 4.13) e observar como são as pinceladas com as quais o artista cobriu o rio.

Outra questão importante diz respeito à apreciação das obras inovadoras dos impressionistas. Consta que a primeira exposição impressionista ocorreu em 1874, um ano antes de Manet realizar o retrato do artista Marcelllin Desboutin, que também ilustra este capítulo. Na exposição oficial, as pessoas colavam o nariz nas telas. Assim, enxergavam o que julgavam ser apenas borrões. Contudo, é preciso uma boa distância para apreciar as obras impressionistas, justamente para ver, por exemplo, o amarelo se fundindo com o azul e formando o verde. O título do movimento – *impressionismo* – tinha, no início, um sentido pejorativo. As pessoas que foram à primeira exposição se referiram à tela principal de Monet, que estava exposta, *Impressão, nascer do sol*, dizendo que o que estavam vendo lá não passava de impressões, no sentido de *rascunho*, de *inacabado*.

> É interessante ler algumas notícias da imprensa com que as primeiras exposições dos impressionistas foram recebidas. Um semanário humorístico escreveu em 1876: "Acaba de ser inaugurada uma exposição na Galeria Durand-Ruel que supostamente contém pinturas. Entrei e meus olhos horrorizados deparam com algo terrível. Cinco ou seis lunáticos, entre eles uma mulher, reuniram-se para exibir suas obras [...] Tomam um pedaço de tela, tinta e pincel, besuntam meia dúzia de manchas sobre ela ao acaso, e assinam o nome nessa coisa [...]". (Gombrich, 1999, p. 519)

Os jardins de Monet podem ser observados até hoje em sua casa (que hoje é um museu) em Giverny, a pouco mais de uma hora de Paris. O artista morou e pintou na casa de 1883 até a sua morte (em 1936). No início, a casa era alugada, mas, com as vendas de seus quadros, em 1890, ele comprou o terreno, que tinha 8.100 m². Lá, criou um paraíso natural com dois jardins – Jardim d'Água e Jardim da Normandia –, que foram retratados, de diversas formas, em seus quadros (Fernandes, 2013).

Síntese

Vimos a ascensão da burguesia, o surgimento da sociedade capitalista, a separação do Estado e da Igreja. Batalhas e conflitos políticos marcaram a França do século XIX, e as consequências foram negativas: paralisia do setor industrial, estagnação da economia, redução de salários, desemprego. Tudo isso decepcionou a sociedade da época, por isso não havia mais motivos para belas utopias. O realismo adquiriu uma dimensão política democrática. Nesse contexto, Gustave Courbet, o maior expoente do movimento, desafiou séculos de tradição, apresentando os primeiros indícios do moderno. Seu trabalho rompeu com o idealismo romântico.

A América Latina também caminhava para a modernidade. Buenos Aires foi pensada aos moldes das metrópoles europeias. Em pouco tempo, tornou-se a cidade mais moderna da América do Sul, lembrando, em vários aspectos, a Paris de Baudelaire. Contudo, na Argentina, o embate entre a modernidade e a pobreza foi mais dramático e peculiar. Alguns artistas, contrários às convenções sociais e resistentes aos valores da época, utilizaram o nu feminino, trabalhadores e pobres em suas obras, chocando o público da época.

Voltando à Paris oitocentista, surgia Édouard Manet, o pintor da modernidade. Ele não se refugiava na paisagem ou na natureza-morta, nem mesmo exaltava o clássico. Nesse momento, a arte se voltou para si e passou a ser pura visualidade. Os velhos temas foram substituídos por um simbolismo novo e pessoal criado pelo artista.

No fim do século XIX, surgiu o impressionismo, o primeiro movimento da arte moderna. Nesse estilo, as tintas em pequenos tubos e as telas menores facilitaram a locomoção dos artistas para pintar ao ar livre. Com o surgimento da fotografia, houve uma busca por valores que ela não poderia reproduzir; já não havia motivo para o pintor fazer um retrato realista. Os artistas se inspiraram em pesquisas ópticas, e o objeto retratado ficou em segundo plano. Ideias como *desenho correto* e *tema digno* deviam ser enterradas, uma vez que o objetivo agora não era mais o que pintar, mas sim como pintar, ou seja, a preocupação passou a ser com as características formais da pintura.

Atividades de autoavaliação

1. Assinale a alternativa **incorreta**:
    a) O realismo representava exclusivamente as pessoas ricas e sua realidade cotidiana.
    b) A arte de Courbet se localizava em um momento de transição do clássico para o moderno.
    c) O realismo adquiriu uma dimensão política.
    d) Courbet, apesar das características mais modernas, ainda estava preso à tradição e às convenções.

2. Classifique as afirmativas a seguir como verdadeiras (V) ou falsas (F):
    ( ) O nu para os artistas argentinos é o campo de batalha da arte moderna.
    ( ) A obra *O despertar da criada*, de Eduardo Sívori, não retrata um corpo idealizado, mas um nu feminino imperfeito, da mulher da classe popular.

( ) A representação da figura feminina nua e dos trabalhadores e pobres não chocavam o público argentino do final do século XIX, já que a Argentina da época era um campo frutífero para essas representações.

( ) Na revista *A Ilustração Argentina*, os argentinos discutiam a arte moderna, contudo o debate mesclava ideias tradicionais e modernas.

3. Os artistas do impressionismo, o primeiro movimento moderno, retratavam o momento fugaz em rápidas pinceladas. Sobre o estilo, é **incorreto** afirmar:
   a) Uma mesma paisagem era retratada pelo artista em diferentes momentos do dia para verificar as diferentes luminosidades.
   b) Picasso teria sido o maior expoente do movimento.
   c) Os artistas simpatizavam com a pintura ao ar livre.
   d) As telas precisavam ser apreciadas de longe, já que de perto apareciam apenas pinceladas soltas.

4. Analise as afirmativas e assinale a alternativa correta:
   I) A obra *O enterro em Ornans*, do pintor Courbet, retrata um ritual religioso e apela para um sentido de moralidade ou de tentativa de conversão.
   II) O final do século XIX, na Argentina, foi um momento conturbado em que muitos dos artistas revolucionários, por meio da representação do nu e da pobreza, conquistaram um espaço importante na história da arte latino-americana.
   III) Os pintores impressionistas eram paisagistas e andavam pelas cidades em busca de um bom motivo para retratar.
   IV) No impressionismo, as telas precisaram diminuir de tamanho, para que os artistas pudessem se deslocar facilmente por todos os cantos e pintar ao ar livre.
   a) I e II estão corretas.
   b) Somente II está correta.
   c) II, III e IV estão corretas.
   d) Nenhuma das alternativas é correta.

5. Sobre as obras analisadas no capítulo, indique se as afirmações a seguir são verdadeiras (V) ou falsas (F):

    ( ) Em *O enterro em Ornans*, do pintor realista Courbet, os rostos e os olhares das pessoas são neutros e a maioria não parece envolvida com o acontecimento retratado.

    ( ) A obra *O despertar da criada*, do pintor argentino Eduardo Sívori, lembra os trabalhos do pintor realista Courbet.

    ( ) O impressionista Manet, em *Almoço na relva*, faz um elogio à burguesia local respeitosa e observadora da moral e dos bons costumes.

    ( ) Na obra *A canoa sobre o Epte*, do impressionista Monet, sugere-se a influência da estampa japonesa e da fotografia.

    Agora assinale a alternativa que corresponde à sequência obtida:

    a) V, F, V, V.
    b) F, V, F, F.
    c) V, F, F, F.
    d) V, V, F, V.

Atividades de aprendizagem

Questões para reflexão

1. Afirmamos, durante o capítulo, que o pintor Manet foi o pintor da modernidade; contudo afirmamos também que ele não era moderno no sentido das experiências formais posteriores a ele. Reflita sobre isso e destaque aspectos que exemplifiquem as duas afirmações.

2. Que tal contrapormos o realismo e o impressionismo, pensando o que os dois apresentam de diferente, mas também o que os aproxima? Ou, ainda, o quanto o primeiro pode ter contribuído para o surgimento do segundo?

Atividade aplicada: prática

Observando o quadro de Coubert, apresente e discuta características que comprovem o caráter de ruptura do artista com a tradição classicista.

Figura A – *Os quebradores de pedras*, de Gustave Courbet

COURBET, Gustave. **Os quebradores de pedras**. 1849. 1 óleo sobre tela: color.; 159 cm × 259 cm.

35

Arte moderna

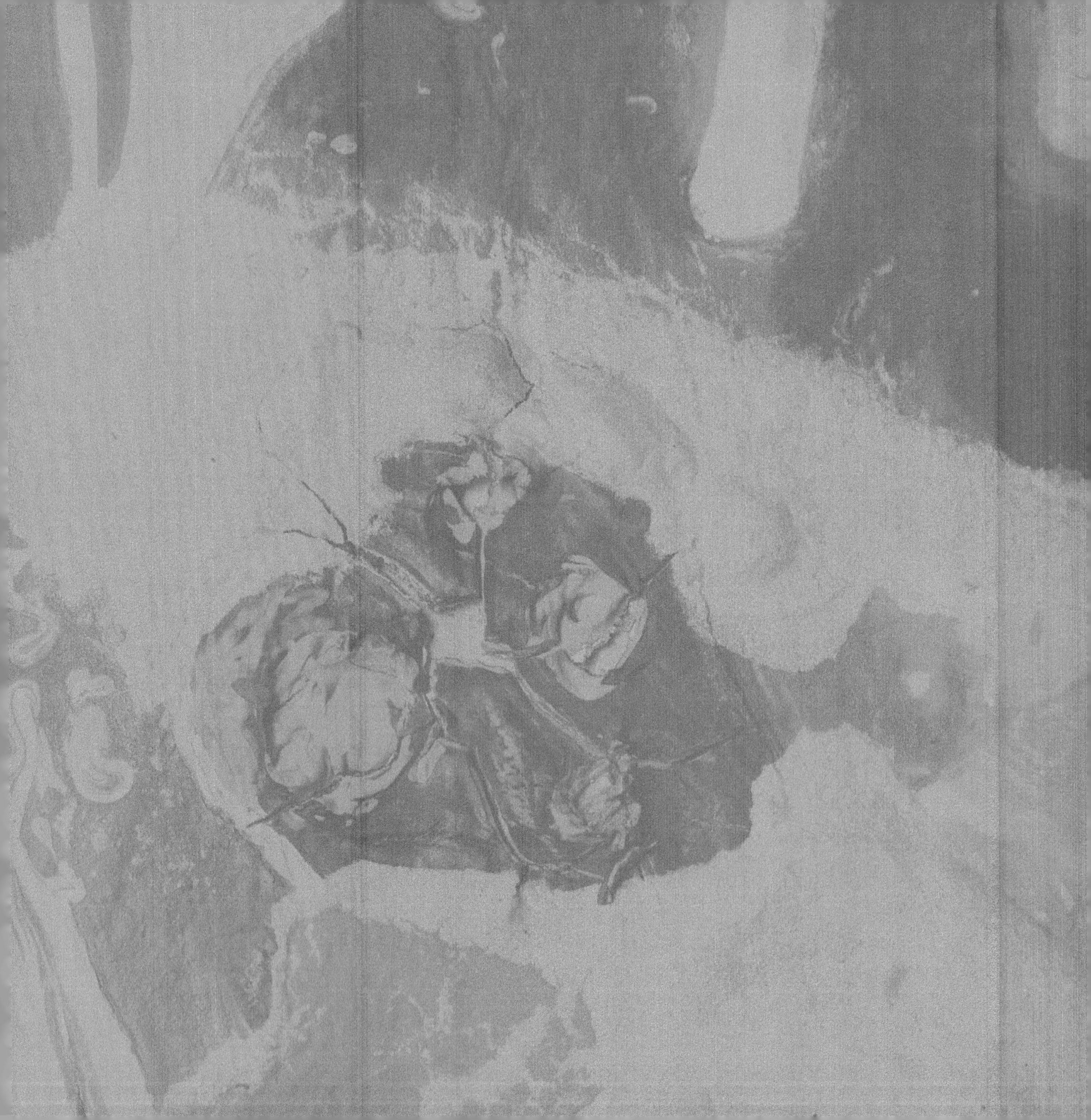

Este capítulo pretende apresentar um breve percurso pela arte moderna, enfatizando o que ela tem de inovador e sua proposta de transgredir um conceito de arte que se amparava na ideia de representação do real.

Iniciamos com o debate sobre dois artistas que se aventuraram, em sua juventude, em um país estrangeiro: o espanhol Pablo Picasso (1881-1973) e o mexicano Diego Rivera (1886-1957). Cada um deles acabou seguindo um percurso artístico diferente, embora, no início de suas carreiras, tivessem um envolvimento com a vanguarda cubista.

Em seguida, falamos da influência marcante que a Primeira Guerra Mundial exerceu no direcionamento da arte das primeiras décadas do século XX. Nessa seção, abordamos o futurismo italiano, o expressionismo alemão e a arte abstrata. Esta última será discutida a partir do percurso do artista russo Wassily Kandinsky (1866-1944). Para finalizar, a ideia é abordar ainda mais duas vanguardas importantes: o dadaísmo e suas transgressões e o surrealismo, que é apresentado baseando-se no estudo sobre o trabalho do artista Salvador Dalí (1904-1989).

5.1 *Hispanohablantes* na capital artística europeia

No início do século XX, jovens artistas imigrantes, como o espanhol Pablo Picasso e o mexicano Diego Rivera, apostaram em uma tentativa de ganhar notoriedade em Paris, a capital das artes da época. Era lá o centro efervescente que aglutinava as propostas mais ousadas de arte e que atraía os jovens artistas ambiciosos da época.

5.1.1 O efervescente Picasso e a experiência cubista

No ano de 1900, com 18 anos de idade, o pintor espanhol Pablo Picasso chegou a Paris. Ele estava no lugar central da arte europeia e almejava se tornar um artista reconhecido internacionalmente. Um ano depois, já despontava na galeria de Ambroise Vollard e, em 1905, o colecionador norte-americano Leo Steinberg se encantou por seu trabalho, fator que contribuiu para dar um impulso em sua carreira.

Logo que chegou a Paris, Picasso ficou fascinado pelo trabalho de um artista considerado pós-impressionista, Paul Cézanne (1839-1906), que foi um artista extremamente obcecado pela pintura e muito exigente. Para se ter uma ideia, Cézanne chegou a pintar mais de 70 vezes a montanha Santa Vitória, no sul da Provença, vista praticamente do mesmo ângulo. Ele nunca estava satisfeito e, refletindo sobre os objetos que utilizava como modelos (geralmente naturezas-mortas), concentrava-se nas suas linhas essenciais. É dele a frase: "Tudo na natureza se resume a cones, esferas e cilindros." (Picasso, 2011, p. 16-17).

Cézanne trabalhava com pinceladas regulares, sobrepostas e no sentido diagonal. Embora tivesse participado das primeiras exposições dos impressionistas, distanciava-se deles, pois buscava o que havia de duradouro e imutável na natureza, e não o momento efêmero e fugidio (Duprat, 2009). Picasso se interessou muito por essa pesquisa e ficou deslumbrado ao visitar uma exposição de máscaras africanas em Berlim. Lá, ele se identificou com o primitivo, com a ideia de desconstrução da fisionomia real da figura humana, com o fato de que as máscaras africanas, embora representassem pessoas, não enfatizavam a aparência fisionômica destas, mas sua essência, sua personalidade, seu espírito (Picasso, 2011).

Figura 5.1 – (a) *Rochedos em L'Estaque*, de Paul Cézanne e (b) detalhe da obra

CÉZANNE, Paul. **Rochedos em L'Estaque**. 1882-1885. 1 óleo sobre tela: color.; 73 cm × 91 cm. Museu de Arte de São Paulo, São Paulo, Brasil.

Figura 5.2 – Máscara africana

Esta máscara pertence a uma associação de mulheres do povo Yoruba, chamada Geledé, que faz um festival para homenagear e acalmar as perigosas e temperamentais "mães ancestrais", saudando assim todas as mulheres e seu poder mágico de ter filhos. Essa é uma forma de mostrar que as mulheres têm um papel importante na sociedade e que suas opiniões devem ser respeitadas, apesar do poder político estar nas mãos dos homens (que são, também, os que usam as máscaras) (Mafro, 2005).

Em sua ainda recente estada em Paris, Picasso também se beneficiou de uma importante vitrine da arte moderna: o Salão dos Independentes, que acontecia desde 1884 e era um salão que não tinha prêmios nem júri. Era organizado pela Associação dos Artistas Independentes, que integrava, por exemplo, Cézanne e Paul Gauguin (1848-1903). A primeira exposição coletiva de Picasso foi nesse salão em 1911 (Picasso, 2011).

Sueño y mentira de Franco (Figura 5.3), é uma gravura criada por Picasso com base em um poema de Paul Éluard (1895-1952), publicado no jornal *L'Humanité*. A ideia era fazer uma crítica ao ditador espanhol Francisco Franco (1892-1975), responsável pela guerra civil na Espanha, que eclodiu em 1936. O quadro integra uma fase de sua obra que culminou no mural *Guernica*, de 1937. A preocupação com o elemento humano era fundamental para Picasso, que teria dito, logo que chegou a Paris: "O que me interessa é a inquietude de Cézanne, são os tormentos de Van Gogh, ou seja, é o drama do homem. O resto não tem importância alguma." (Micheli, 1991, p. 179). Para esse artista, a pintura era um acessório, e sua obra é a história de como ele reagiu a tudo o que aconteceu ao seu redor: às vezes, com ironia, com ceticismo; outras, com brutalidade, com crueldade, mas também com erotismo.

Figura 5.3 – *Sueño y mentira de Franco*, **de Pablo Picasso**

PICASSO, Pablo. **Sueño y mentira de Franco**. 1 gravura. Acervo Fundação de Curitiba. Coleção Poty Lazzarotto.

No detalhe no sexto quadro da gravura *Sueño y mentira de Franco* é possível identificar questões do cubismo. Na execução de seu trabalho, Picasso e os demais cubistas observavam os objetos sob vários pontos de vista e poderiam ver melhor os planos e os volumes. Dessa maneira, um mesmo objeto, no quadro, encontrava-se em diversas perspectivas, o que permitia que, simultaneamente, o objeto mostrasse mais lados de si, oferecendo-se para uma nova disposição sobre a tela, o que resultou na completa destruição da perspectiva renascentista. O objetivo era romper com o ilusionismo da pintura, com a ideia de que ela teria de ser uma representação fiel da realidade. Os artistas buscavam outras questões, e não a mera representação daquilo que ocorre no cotidiano (Micheli, 1991).

De acordo com a perspectiva renascentista, portanto clássica, o rosto de uma mulher representado de perfil, por exemplo, deixaria ver apenas um dos olhos e uma das cavidades nasais. Contudo, Picasso remove o olho e a cavidade nasal que normalmente não veríamos (se o objetivo fosse um retrato fiel), deslocando-os para a frente. Assim, o objeto mostra mais lados de si. Por isso, costumamos dizer que, com o cubismo, temos a destruição da perspectiva renascentista. Picasso engendra uma desconstrução, e ele próprio, em sua frase célebre, demonstra o caminho que percorreu em sua trajetória artística: "Quando vejo pinturas de crianças, dou-me conta de que só agora posso iniciar meu trabalho de juventude. Quando tinha a idade delas, era capaz de desenhar como Rafael... Mas levei anos para aprender a desenhar como uma criança." (Claret, 1985, p. 80)

Dessa forma, o quadro não era mais uma apresentação de objetos ou acontecimentos transportados de um ambiente em que são reais para o outro ambiente em que são apenas ilusão, aparência. O quadro era um fato concreto, buscava-se a concretude da obra de arte (Micheli, 1991).

5.1.2 Um ativista latino entre Paris e Cidade do México

O artista mexicano Diego Rivera (1886-1957) conseguiu montar sua primeira exposição em 1907. Ele ganhou uma bolsa para continuar seus estudos na Espanha, na Academia de Arte de Barcelona. Esse novo ambiente animou Rivera, que, lá, conheceu nomes como os de Picasso e Salvador Dalí, entre outros.

Na Europa, acabou também viajando para outras cidades desse continente. Em 1910, enquanto a Europa repousava em uma falsa quietude, o México fermentava. A revolução popular, liderada por Emiliano Zapata (1879-1919), sacudia as estruturas econômicas, sociais e políticas da nação mexicana. Rivera ficou extremamente sensibilizado com a situação pela qual passava seu país e foi até lá, mas logo retornou à Europa. Apesar de seu espírito de ativista político, Rivera, no momento, concentrava suas energias no aprendizado que estava tendo na Europa, onde acabou ficando por 12 anos, tendo o cubismo como seu grande interesse.

Contudo, ele acabou se colocando uma questão muito importante como militante político que era: queria contribuir com seu país, queria voltar ao México e fazer sua parte. "Se pretendo que minha pintura não só descreva o povo, mas dialogue com ele, que ele se reconheça e se reencontre em meus quadros, tenho que redefinir meu estilo." Assim, concluiu que desejava a popularização da arte, e não apenas a produção de trabalhos complexos, que agradassem aos abastados colecionadores; queria as obras fora dos museus. Daí nasceu a ideia dos murais (Rivera, 1980, p. 4).

Figura 5.4 – Caveira Catrina

O tema do esqueleto surge muitas vezes nas obras dos artistas mexicanos porque esse povo tem uma relação especial com a questão da morte. O dia dos mortos não é, para a cultura mexicana, um dia de luto, mas um dia de festa. Durante todo o século XIX, a morte esteve muito presente na história desse povo, devido às catástrofes, guerras, fome, epidemias. A morte não fazia distinção entre ricos e pobres. Dessa forma, um grande ilustrador do período, José Guadalupe Posada (1852-1913), criou as Catrinas, personagens-caveiras que vestiam roupas da moda europeia (Lustosa, 2011).

> A pintura mural, quanto a seu conteúdo, exprime dois aspectos básicos: confere à massa anônima da população indígena o direito de ser protagonista da arte de seu país; revive o orgulho pelo grandioso passado asteca. É uma reivindicação social e um cântico altivo, é a revelação dos humildes e a celebração da raça. (Rivera, 1980, p. 5)

Em 1920, no México, tomou posse o primeiro líder revolucionário, Álvaro Obregón, no cargo de presidente. Logo, ele nomeou o filósofo e revolucionário José Vasconcelos como presidente da Universidade e Ministro da Educação. Este, por sua vez, lançou o Programa do Mural. A partir daí, foram pintados murais pelo México em diferentes locais: "em palácios e igrejas coloniais, em prédios ministeriais, em escolas, museus e câmeras legislativas, em lugares que vão desde escuras e mal projetadas escadas até imponentes fachadas de modernos edifícios". Vasconcelos deixou os artistas livres para escolher seus temas. O programa atraiu Diego Rivera, que já era um artista atuante na Europa. Então, ele voltou ao México e se integrou aos artistas muralistas. Estes, pelo menos em princípio, "exigiam erradicação da arte burguesa (a pintura de cavalete)" voltada a satisfazer as vontades de ricos colecionadores. Também "apontavam a tradição indígena como modelo do ideal socialista, de uma arte aberta para o povo, arte que fosse aguerrida, educativa para todos" (Ades, 1997, p. 151-153).

Um trabalho de destaque pintado por Diego Rivera foi o afresco *Man at the Crossroads*, que ele produziu no Rockefeller Center, em Nova York. Em 1933, quando Rivera produzia o mural, um jornal de Nova York publicou um artigo atacando-o, acusando-o de fazer propaganda anticapitalista, ou melhor, comunista. Após muitas confusões, Rockefeller dispensou os serviços de Diego Rivera, mas pagou-lhe integralmente, como prometido. O painel permaneceu coberto até o início de 1934, quando, infelizmente, foi destruído. Porém, usando fotografias em preto e branco do mural pintado em Nova York, Rivera refez a composição no México, com o título *El hombre controlador del universo* (Figura 5.5).

Figura 5.5 – *El hombre controlador del universo*, de Diego Rivera

RIVERA, Diego. **El hombre controlador del universo**. 1934. 1 afresco: color.; 485 × 1145 cm. Palacio de Bellas Artes, Cidade do México, México.

No centro da composição, o trabalhador jovem, do sexo masculino, branco e forte maneja a máquina de controle, o globo, que representa a recombinação de átomos e células em divisão. Lenin aparece à direita do quadro, de mãos dadas com um grupo multirracial de trabalhadores. Ainda acima vemos a passeata ou parada do maio soviético.

Duas lentes gigantes projetam luz no centro, como holofotes que destacam o que é mais importante. A parte inferior da pintura pretende, provavelmente, descrever o crescimento controlado de recursos naturais sob a forma de uma variedade de plantas visíveis.

Parte do painel nunca chegou a ser concluída em Nova York, passando a existir somente na sua recriação posterior da composição mexicana. Trotsky, Karl Marx e Darwin são retratados à direita do painel (Figura 5.6) e foram incluídos na segunda versão. As hélices que se projetam a partir do centro contêm a representação do macro e do microcosmo. É como se estivéssemos vendo células em um microscópio e o espaço sideral em um telescópio. As duas estátuas, uma de cada lado, representam a influência inegável da civilização grega sobre a nossa. Sobre a imponente estátua da direita (que está sem a cabeça) estão sentados aviadores, representantes da conquista do espaço, do avanço tecnológico.

Figura 5.6 – *El hombre controlador del universo* (detalhes a e b), de Diego Rivera

a)

b)

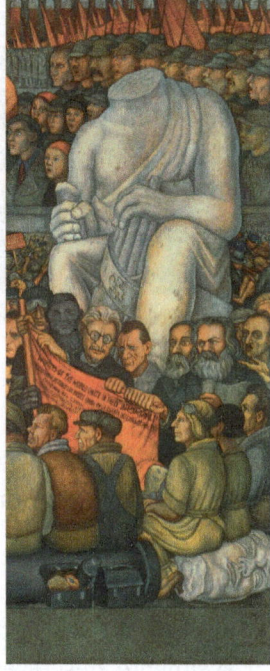

RIVERA, Diego. **El hombre controlador del universo** (detalhes). 1934. 1 afresco: color.; 485 × 1145 cm. Palacio de Bellas Artes, Cidade do México, México.

À esquerda vemos hordas de soldados com máscaras de gás usadas na Segunda Guerra Mundial (Figura 5.7), a repressão policial, a alta sociedade se divertindo com bebidas e jogatina, alheia a tudo o que se passa. Há ainda uma plateia que assiste passivamente a todo o espetáculo.

Embora as ações dos muralistas pareçam inegavelmente revolucionárias, gostaríamos de concluir esta pequena exposição sobre o mural com um contraponto escrito por um respeitado pensador, Otávio Paz:

> Essas obras que se dizem revolucionárias e que, nos casos de Rivera e Siqueiros, expressam um simples marxismo maniqueísta, eram encomendadas, patrocinadas e pagas por um governo que jamais foi marxista e havia deixado de ser revolucionário [...] essa pintura ajudou a dar-lhe uma feição que, gradativamente, se foi tornando revolucionária. (Ades, 1997, p. 165)

Figura 5.7 – *El hombre controlador del universo* (detalhe), de Diego Rivera

RIVERA, Diego. **El hombre controlador del universo** (detalhe). 1934. 1 afresco: color.; 485 × 1145 cm. Palacio de Bellas Artes, Cidade do México, México.

5.2 A Grande Guerra

A Primeira Grande Guerra, que trouxe uma devastação jamais vista na história da humanidade, dada a capacidade bélica e o número de mortos, atingiu fortemente o espírito sensível do artista. Seja para anunciá-la como espetáculo, como fizeram os futuristas, seja para denunciar a insatisfação, ou mesmo para operar uma fuga rumo ao abstracionismo, de alguma forma, muitos artistas foram influenciados pela guerra.

5.2.1 Na Itália, a polêmica vanguarda futurista

Já falamos de Paris, um importante centro artístico das vanguardas, bem como de uma manifestação artística que ocorreu do lado oposto do oceano, na Cidade do México. Passaremos agora a outro país europeu, no início do século XX: a Itália.

Desde Giotto, a Itália vivia de seu passado glorioso: suas cidades exibiam a arquitetura renascentista, bem como os monumentos esculturais nas praças. Alguns artistas que lá viviam estavam ansiosos para uma grande renovação, que não seria puramente artística, mas também política e publicaram no jornal francês *Le Figaro*, em 1909, um manifesto para expressar suas opiniões a respeito da sociedade e da cultura de seu país.

> Ditamos nossas primeiras vontades para todos os homens vivos da Terra [...] até hoje a literatura tem exaltado a imobilidade pensativa, o êxtase e o sono. Queremos ressaltar o movimento agressivo, a insônia febril, a velocidade, o salto mortal, a bofetada e o murro.
> Queremos destruir os museus, as bibliotecas, as academias de todo tipo, e combater os moralismos, o feminismo e toda vileza oportunista e utilitária.
> Da Itália que lançamos este manifesto de violência arrebatada, incendiária com o qual fundamos o nosso Futurismo, porque queremos libertar este país de sua fétida gangrena de professores, arqueólogos, cicerones e antiquários... Queremos libertá-la dos incontáveis museus que a cobrem de cemitérios. Inumeráveis museus: cemitérios!... que os visitemos em peregrinação uma vez por ano, como se visita o cemitério no dia dos mortos, tudo bem, que uma vez por ano se deposite uma coroa de flores diante da Gioconda, vá lá... Ponham fogo nas estantes das bibliotecas!... Desviem o curso dos canais para inundar os museus!... Oh, a alegria de ver flutuar à deriva, rasgadas e descoradas sobre as águas, as velhas telas gloriosas!... Empunhem as picaretas, os machados, os martelos e destruam sem piedade as cidades veneradas! (*Manifesto futurista* citado por Chipp, 1999, p. 288)

Em seguida, as palavras mais polêmicas: "Queremos glorificar a guerra – única higiene do mundo –, o militarismo, o patriotismo, o gesto destruidor dos anarquistas, as belas ideias pelas quais se morre e o desprezo da mulher." (*Manifesto futurista* citado por Chipp, 1999, p. 288).

O poeta italiano Filippo Tommaso Marinetti (1876-1944), que era fascista e um dos mais destacados artistas do movimento, louvava a guerra como um belo espetáculo. A respeito dessa ideologia expressa pelos futuristas, há uma reflexão escrita pelo grande pensador Walter Benjamin (1994), no seu famoso texto "A obra de arte na era da sua reprodutibilidade técnica". É interessante lembrar que Benjamin, que já havia passado pela Primeira Guerra Mundial, escreveu esse texto em 1936, três anos antes da Segunda Guerra:

> Essa guerra é uma revolta da técnica, que cobra em "material humano" o que lhe foi negado pela sociedade. Em vez de usinas energéticas, ela mobiliza energias humanas, sob a forma dos exércitos. Em vez do tráfego aéreo, ela regulamentou tráfico de fuzis [...] O fascismo espera que a guerra proporcione a satisfação artística de uma percepção sensível modificada pela técnica como faz Marinetti. É a forma mais perfeita da arte pela arte. Na época de Homero a humanidade oferecia-se em espetáculo aos deuses olímpicos; agora ela se transforma em espetáculo para si mesma. Sua autoalienação atingiu o ponto que lhe permite viver sua própria destruição como um prazer estético de primeira ordem. (Benjamin, 1994, p. 196)

Os teóricos do futurismo achavam que os artistas não poderiam desconsiderar o problema de que a vida moderna fora totalmente transformada pela técnica. Eles se perguntavam, por exemplo, como era possível produzir algo na era do automóvel como se produzia na época do artesanato.

Atentos às mais recentes descobertas científicas, os futuristas se apropriavam delas como inspiração para a confecção de seus trabalhos. Foi o que ocorreu nesse trabalho de Giacomo Balla (1871-1958). Na penúltima década do século XIX, o mundo teve a notícia da primeira cidade a ter a iluminação pública gerada por uma termelétrica: Nova York. Certamente esse foi um acontecimento revolucionário.

Balla foi um dos pintores do futurismo cujo objetivo era representar o movimento. Com a profusão de linhas em cores quentes que são projetadas pelo poste de luz, Balla objetivava representar esse movimento, a passagem do tempo. O artista é conhecido por ter criado a representação gráfica do movimento. Em um famoso trabalho seu, ele representa um cão na coleira passeando com sua dona. Para obter esse efeito, o artista usa o registro de várias patinhas do cão se fundindo para dar a ideia de que o cão está caminhando. Em outros trabalhos, constrói linhas que se projetam para a frente para dar a ideia de um carro em movimento. A invenção dos símbolos da velocidade de Balla acabaria sendo utilizada nas histórias em quadrinhos e na publicidade até os dias atuais.

Figura 5.8 – *Formas únicas de continuidade no espaço,* de Umberto Boccioni

Figura 5.9 – *A luz da rua,* de Giacomo Balla

BOCCIONI, Umberto. **Formas únicas de continuidade no espaço**. 1913. Bronze: 1,11 m de altura. Coleção do Museu de Arte Moderna, Nova York, EUA.

BALLA, Giacomo. **A luz da rua**. 1909. 1 óleo sobre tela: color.; 174 cm × 114 cm. Museu de Arte Moderna, Nova York, EUA.

O futurismo teve fim com a Primeira Guerra Mundial, até porque alguns de seus membros mais aguerridos acabaram morrendo nela. Não é prudente julgar os agentes do passado, mas, inspirados na passagem já citada de Benjamin (1994), arriscaríamos dizer que os futuristas desconsideraram qual seria o destino do homem na era da engrenagem mecânica.

Esse problema lembra o brilhante filme de Charlie Chaplin (1889-1977) *Tempos modernos*, no qual falou sobre a alienação do homem provocada pelo avanço das novas tecnologias. Para esse ator e diretor, os homens haviam alcançado a eficiência para produzir mais e mais, no entanto não dispunham do que produziam. O artista, que tratou essa situação trágica com humor, demonstrando a impotência e o desamparo do homem comum, estimulou a consciência humana contra a desumanização dos tempos modernos. A máquina que foi inventada para ajudar o homem acaba escravizando-o.

Pensemos agora nas condições que propiciaram o surgimento do futurismo: a cidade se tornou uma grande fábrica moderna, produtiva, um aparelho que devia desenvolver a força de trabalho e, portanto, precisava se libertar de tudo que errava ou retardava seu funcionamento. A classe operária passou a ser a componente mais numerosa da comunidade urbana, porém a cidade-fábrica era insalubre devido às emanações que a invadiam e à densidade

Figura 5.10 – Cena do filme *Tempos modernos*, de Charlie Chaplin

da população, sendo um ambiente opressor, psicologicamente alienante. Nesse contexto, o futurismo foi o primeiro movimento de vanguarda (Argan, 1992).

Vanguarda é um termo emprestado do universo militar que significa tropa de frente. Em uma guerra, seria o pelotão que ataca primeiro. Trazendo essa questão para o universo artístico, pensemos então que as vanguardas artísticas seriam os grupos que bombardeiam a sociedade, trazendo aquilo que há de mais novo, de original. Considerando que uma vanguarda poderia inclusive bombardear outra vanguarda, o termo é perfeitamente cabível pelo fato de que os artistas das vanguardas também bombardeavam o passado.

Para Argan (1992, p. 310), o futurismo foi "um movimento que investiu com interesse ideológico na arte, preparando e anunciando deliberadamente uma subversão radical da cultura e até dos costumes sociais, negando, em bloco, todo o passado e substituindo uma pesquisa metódica" na arte por uma ousada experimentação do novo.

5.2.2 A intensa vanguarda alemã

A Primeira Grande Guerra foi um acontecimento determinante nos rumos da arte europeia. Para falarmos de uma destacada vanguarda alemã daqueles tempos, é importante falar brevemente da guerra para que tenhamos a compreensão de como ela ocorreu.

No século XIX, a Alemanha se fortaleceu e se unificou. Com isso, colocou em xeque o domínio inglês. Esse desequilíbrio de poder gerou uma corrida armamentista e acendeu a rivalidade anglo-germânica. A Alemanha tinha claras intenções expansionistas e começava a superar a Inglaterra, que era a grande potência marítima. A partir daí, a potência germânica tomou uma posição cada vez mais intransigente e agressiva em relação às outras potências, como a França, a Inglaterra e a Rússia. Assim, surgiu um forte sentimento antialemão entre os franceses, que passaram a ter, na vingança contra a Alemanha, uma importante política de Estado, enquanto os ingleses temiam um possível desafio à sua supremacia. Em 1914, o arquiduque austríaco foi assassinado, evento considerado o estopim para a deflagração da guerra e para a criação de um cenário muito propício para um conflito militar que ganharia grandes proporções e envolveria todas as grandes potências europeias.

Pouco tempo antes desse episódio terrível, artistas alemães, por meio de uma revista/empresa/editora, trouxeram para a Alemanha exposições de arte estrangeira que foram influentes. A revista se chamava *Die Brücke*, que em português significa *a ponte*. Esse título provavelmente se refere à tentativa de restabelecer o vínculo desgastado entre a arte e o público.

A revista também se tornou um importante meio de divulgação da arte de vanguarda alemã. O público de Berlim, por exemplo, estava mais bem informado sobre as descobertas recentes da arte do que qualquer um em Paris, Milão, Londres ou Nova York. Nos anos que antecederam a Primeira Guerra Mundial, a Alemanha foi a principal vitrine da vanguarda europeia.

Figura 5.11 – Capa da revista Die Brücke, de Kirchner

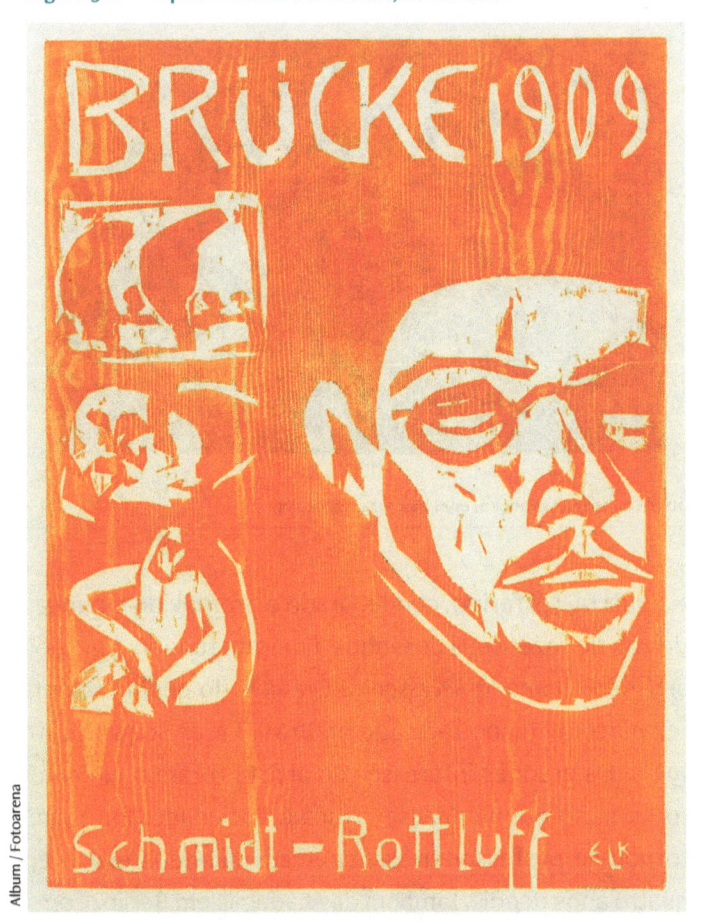

KIRCHNER, Ernst Ludwig. **Portrait Schmidt-Rottluff**. 1909. Xilogravura: 39,8 × 30,1 cm. Capa do IV portfólio anual do KG Brücke. Karl and Emy Schmidt-Rottluff Foundation. Museu Brücke, Berlim, Alemanha.

Os artistas canalizavam as ansiedades de seu tempo na arte e viram na técnica da xilogravura uma forma possível de externá-las.

> A palavra *gravura* designa desenhos feitos em superfícies duras – como madeira, pedra e metal – com base em incisões, corrosões e talhos. A técnica da gravura permite a reprodução da imagem, assim, uma gravura é considerada original quando sua impressão resulta diretamente da matriz criada pelo artista, que as numera e assina. Em função da técnica e do material empregados, ela recebe uma nomenclatura específica como a xilogravura, que é a gravura em madeira. (Enciclopédia Itaú Cultural, 2016c)

A xilogravura é a gravura em madeira (do grego *xilon*, que quer dizer madeira). É importante lembrar que a manufatura da xilogravura também exige grande energia corporal. Entalhar, fazer incisões com ferramenta cortante, golpear, gravar, eis algumas das ações que atraíam os artistas. Além disso, com base na matriz, poderiam ser feitas várias cópias, o que garantiria que as imagens chegassem a mais pessoas. Contudo, é importante pensar que eles não tinham teorias, mas juventude, pressa e impaciência. Foi assim que surgiu o expressionismo alemão, uma vanguarda que se dissolveu já na Primeira Guerra, pois alguns de seus integrantes também acabaram morrendo em batalha (Stangos, 2000).

Houve ainda um importante artista alemão que soube retratar com maestria os horrores da guerra. Ele não fez parte do *Die Brucke*, mas também é apontado como expressionista e igualmente captou o espírito da época.

Entre 1910 e 1914, o artista alemão Otto Dix (1891-1969) frequentou a Escola de Artes e Ofícios de Dresden, na Alemanha. Lá, certamente estabeleceu contato com os expressionistas. Por causa da Primeira Guerra, ele interrompeu os estudos e se alistou como voluntário para lutar no *front*.

Figura 5.12 – *Tropas avançam com gás*, de Otto Dix

DIX, Otto. **Tropas avançam com gás**. 1924. 1 água-tinta.

Na guerra, foi ferido, condecorado e promovido e nunca deixou de fazer seus desenhos. Em 1919, fundou o grupo artístico chamado *Secessão de Dresden*, do qual também fez parte o lituano radicado no Brasil Lasar Segall (1891-1957). Os grandes interesses do artista foram o elemento humano e uma análise crítica à sociedade. Em 1927, tornou-se professor titular da Academia de Dresden e, quatro anos depois, também da Academia em Berlin. Com a tomada do poder pelos nazistas, Dix foi demitido, proibido de pintar e de expor. Sua arte era acusada de estar a serviço da subversão. Em 1937, 260 trabalhos seus, expostos em órgãos públicos, foram confiscados, depois vendidos ou queimados. Também chegou a ser preso.

Entre 1923 e 1924, produziu uma série de gravuras intitulada *A Guerra*. Sua experiência como soldado na Primeira Guerra e os registros que realizou por meio de desenhos no campo de batalha foram reelaborados nessas obras (Casa Andrade Muricy, 2002).

As coisas mudaram muito depois da guerra para esses artistas, ativistas engajados politicamente. Para eles, o artista não deveria narrar apenas, mas viver; não reproduzir algo, mas recriar tudo. Nos trabalhos dos expressionistas, a forma humana aparece saturada de vícios, paixões, baixezas, tragédias. Eles não podiam ficar indiferentes a todo o horror que viveram (Stangos, 2000). Foi o que fez, por exemplo, Lasar Segall, que retratou a devastação de sua cidade natal na Lituânia, na Primeira Guerra: a cidade destruída, adultos desolados e crianças inocentes mortas.

Figura 5.13 – *Cinco figuras*, do álbum *Recordação de Vilna em 1917*, de Lasar Segall

SEGALL, Lasar. **Cinco figuras**. 1917. 1 ponta seca sobre papel: p&b; 27 × 21,5 cm. Acervo Museu Lasar Segall – Ibram/MinC. São Paulo, Brasil.

5.2.3 Kandinsky e o abstracionismo

Um artista importante e atuante na Alemanha desse período, que inclusive fez parte do expressionismo alemão, foi o russo Wassily Kandinsky (1866-1944). Kandinsky é o famoso criador da arte abstrata, mas começou como expressionista.

Para ele, a grande abstração consistia no esforço de eliminar, aparentemente por inteiro, o aspecto concreto (real), o aspecto que procura corporificar o conteúdo da obra em formas e materiais. Para Kandinsky, quando, em um quadro, uma linha se liberta da tarefa de caracterizar uma coisa e se torna ela mesma uma coisa, sua ressonância interior não é enfraquecida por nenhum papel secundário, então ela ganha a plenitude de sua força interior: isso é abstração (Chipp, 1999, p. 163-164).

> O termo *abstracionismo* "refere-se às formas de arte não regidas pela figuração e pela imitação do mundo. O termo liga-se às vanguardas europeias das décadas de 1910 e 1920, que recusam a representação ilusionista da natureza. A decomposição da figura, a simplificação da forma, os novos usos da cor, o descarte da perspectiva e das técnicas de modelagem e a rejeição dos jogos convencionais de sombra e luz aparecem como traços recorrentes das diferentes orientações abrigadas sob esse rótulo." (Enciclopédia Itaú Cultural, 2016a)

É possível notar duas vertentes a organizar a ampla gama de direções assumidas pela arte abstrata. A primeira, inclinada ao percurso da emoção, ao ritmo da cor e à expressão de impulsos individuais, encontra suas matrizes no expressionismo e no fauvismo. A segunda, mais afinada com os fundamentos racionalistas das composições cubistas, o rigor matemático e a depuração da forma, aparece descrita como abstração geométrica. (Enciclopédia Itaú Cultural, 2016a)

Kandinsky é representante da primeira e é considerado pioneiro na realização de pinturas não figurativas.

No início do século XX, uma arte totalmente nova se desenvolveu, com formas que nada significavam, que nada representavam, que nada recordavam, mas que teriam o mesmo efeito emocional da música instrumental. Kandisnky estudou música e percebeu que a pintura poderia sugerir sentimentos mesmo sem um tema reconhecível, da mesma forma que acontecia na música. Contudo, chegar ao abstracionismo não foi tão simples. Ele relutou, pois tinha medo de cair em um simples decorativismo, como se estivesse criando um padrão para um tecido ou papel de parede. Concentrou-se, então, em uma pesquisa para desviar a atenção do observador do tema narrativo do quadro para o efeito visual das cores e formas (Chipp, 1999).

> A técnica da aquarela permite maior liberdade para definir as linhas principais sobre as quais estrutura-se uma imagem. Kandinsky está também interessado nos diversos efeitos da cor, em particular na ampla gama de transparências e nuances que a aquarela permite e que, depois, ele transfere para os trabalhos em vidro e a óleo. (Kandinsky, 2011, p. 68)

Inúmeros movimentos e artistas aderiram à abstração, que se tornou, a partir da década de 1930, um dos eixos centrais da produção artística no século XX. Em 1919, foi fundada na Alemanha uma escola chamada *Bauhaus*, que significa *casa de construção*. A escola também contribuiu para aglutinar os artistas simpáticos ao abstracionismo. Kandinsky já era um pintor maduro quando foi nomeado professor da instituição, que tinha uma estreita ligação com as artes aplicadas, o *design* e a arquitetura. Foi lá que Kandinsky desenvolveu sua pesquisa, que reduz a produção das imagens aos elementos mais básicos da construção visual: o triângulo amarelo, o quadrado vermelho e o círculo azul, em uma espécie de alfabeto visual (Lambert, 1981).

Figura 5.14 – *Em cinza*, de Wassily Kandinsky

KANDINSKY, Wassily. **Em cinza**. 1919. 1 óleo sobre tela: color.; 129 cm × 176 cm. Centre Georges Pompidou, Paris, França.

Figura 5.15 – *Primeira aquarela abstrata*, de Wassily Kandinsky

KANDINSKY, Wassily. **Primeira aquarela abstrata**. 1910. 1 aquarela: color.; 50 cm × 65 cm. Centre Georges Pompidou, Paris, França.

5.3 Além dos limites da história da arte

Um importante historiador e crítico da arte moderna defende que tanto o surrealismo quanto o dadaísmo não se enquadram perfeitamente na história do modernismo por ele contada, acreditando que estão de alguma forma apartados. Vamos conhecer sua argumentação e um pouco mais sobre essas duas controversas vanguardas.

5.3.1 O excêntrico Salvador Dalí

De acordo com o mais conhecido historiador da arte moderna, Clement Greenberg (1909-1994), a arte surrealista poderia ser um tópico à parte, uma vez que esse autor considerava esse movimento incompatível com a história da arte por ele projetada. Na história de Greenberg, havia uma pesquisa, um objetivo a ser alcançado na arte moderna, que estava centrado nos elementos formais que compõem a obra de arte. Ele acreditava em um desenvolvimento da arte que teria começado, ou traçado seus primeiros contornos, com Cézanne, passando então por Picasso e o cubismo. A ideia central era realmente a quebra da representação renascentista e a concentração nos elementos formais que compõem a obra de arte. As abstrações do século XX seriam as consequências e os desdobramentos dessa pesquisa, chegando ao seu ápice (Danto, 2006).

Independentemente da opinião de Greenberg, o fato é que, por volta de 1924, surgiu o movimento surrealista, que não se encaixa na história da arte moderna proposta por ele. O campo visual ou pictórico dos quadros surrealistas eram frequentemente alicerçados nas tradicionais propostas clássicas. A pincelada, por exemplo, era lisinha, renascentista, o que poderia caracterizar um retrocesso. Vamos observar o acabamento impecável na imagem da Figura 5.16, na qual não conseguimos perceber a pincelada.

É importante frisar que muitas obras surrealistas tratavam de um conteúdo onírico, ancorado em questões inovadoras daquele período histórico, como a questão do sonho como expressão do inconsciente, proposta por Sigmund Freud (1856-1939) no livro *A interpretação dos sonhos*, de 1900.

Figura 5.16 – *O sono*, de Salvador Dalí

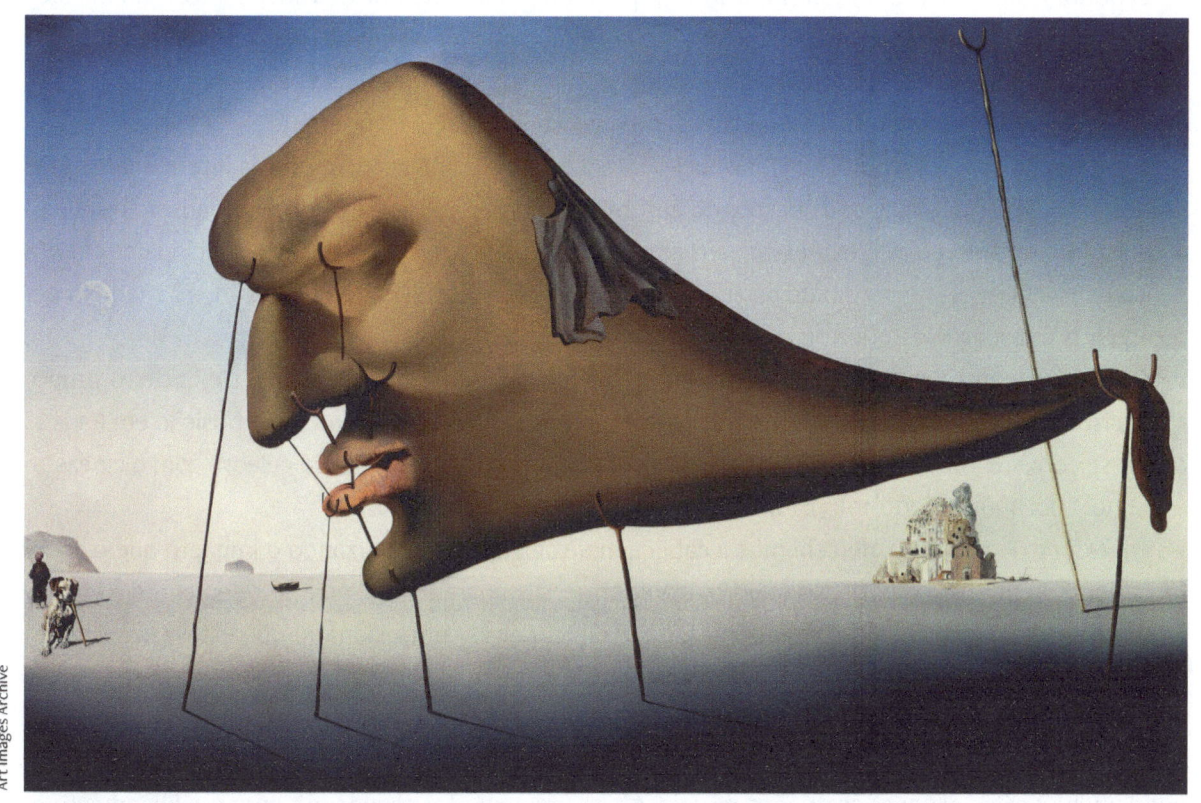

DALI, Salvador. **O sono**. 1937. 1 óleo sobre tela: color.; 51 cm × 78 cm. Coleção particular.

173

O poeta francês André Breton (1896-1966), que foi o grande mentor do movimento, era um estudante de medicina familiarizado com os métodos de Freud por ter de aplicá-los em pacientes durante a guerra. Há narrativas de que ele teria tentado fazer consigo mesmo o que fazia com os pacientes: um monólogo rápido, o automatismo, o pensamento falado (Stangos, 2000).

Em 1924, Breton publicou o *Manifesto surrealista*. Nele se encontra, entre outras interessantes passagens, uma em especial sobre a questão do automatismo: "Surrealismo – puro automatismo psíquico, através do qual se pretende expressar, verbalmente ou por escrito, o verdadeiro funcionamento do pensamento. O pensamento ditado na ausência de todo controle exercido pela razão, e à margem de qualquer preocupação estética ou moral." (Chipp, 1999, p. 417).

O popular pintor Salvador Dalí (1904-1989) se juntou ao movimento em 1929. De início, o grupo surrealista ficou atraído por ele. Naquele ano, Dalí também realizou sua primeira exposição em Paris e casou-se com sua venerada Gala. Ainda em 1929, produziu um filme surrealista célebre com o cineasta espanhol Luiz Buñuel (1900-1983): *Um cão andaluz* (Néret, 2002).

Em *O sono* (Figura 5.16), percebemos a cabeça mole agigantada enfatizando o impacto que o adormecer causa em nossa mente. No quadro, ela adormece amparada por muletas, elementos frequentemente usados por Dali em seus quadros. Ele dizia que, por ser um visionário que estava sempre perambulando no mundo da fantasia, precisava eventualmente de muletas que o amparassem na solidez da terra (Néret, 2002).

Em razão da excentricidade do artista, ele logo passou a ser malvisto pelo grupo dos surrealistas que queriam lhe aplicar algumas restrições morais. Assim, em 1936, foi convocado para um julgamento e expulso. Ele teria dito na ocasião: "fui um estudante em surrealismo tão consciencioso, que rapidamente me tornei o único surrealista integral. A tal ponto que acabaram por me expulsar do grupo porque era demasiado surrealista [...]" (Néret, 2002, p. 63). Contudo, apesar de tê-lo expulsado, o grupo ainda continuou a se beneficiar da divulgação do movimento feita por sua figura excêntrica.

5.3.2 O poder negativo do dadá

Ainda em meados das primeiras décadas do século XX, enfatizou-se o ataque à arte do passado, ou mesmo à arte da época cuja essência era duvidosa. Esse debate foi proposto pelos dadaístas, artistas que colocaram em pauta as transformações pelas quais a arte vinha passando nos últimos decênios.

A ideia era de anarquia total. Queriam propor um novo caminho, pois já não mais acreditavam na sociedade, na nação, nos costumes e no ser humano como tal – as guerras logo reforçariam isso. Era ainda uma rebelião juvenil, porém, mais tarde, cada um seguiu seu próprio caminho, inclusive aderindo ao Surrealismo.

> Utilizando um pseudônimo, o artista Marcel Duchamp (1887-1968) inscreveu seu trabalho *A fonte* em um salão do qual ele mesmo era organizador. Contudo, a comissão organizadora desclassifica o trabalho, julgando-o uma insensatez. Pouco depois, Duchamp revelou a verdadeira autoria. O gesto de Duchamp se tornou um dos mais emblemáticos da arte do século XX e influenciou boa parte da produção artística até a contemporaneidade. Posteriormente, foram reproduzidas cópias idênticas que se espalharam em coleções pelo mundo.
>
> Você pode conferir a obra *A fonte* em vários *sites* na internet. Entre eles, indicamos um endereço eletrônico para sua pesquisa:
>
> DUCHAMP, Marcel. **A fonte**. 1917. 61 cm × 36 cm × 48 cm. Disponível em: <http://www.tate.org.uk/art/artworks/man-ray-cadeau-t07883>. Acesso em: 31 out. 2016.

Não foi fácil abandonar as convenções, o que foi um processo lento. Havia uma sensação de total liberdade em relação às regras, de repúdio a quaisquer ofertas de louvores da crítica. Pairava um desprezo pelo grande público e uma ausência de oportunismo, o que era uma crítica aos artistas que repetiam fórmulas nas suas produções artísticas e gozavam das glórias do sucesso. Na Suíça, neutra em meio à Primeira Grande Guerra, horrorizados pela carnificina, alguns artistas entregavam-se às belas-artes: surgia a antiarte dadá. A revolta era tanta que o grotesco e o absurdo superavam qualquer valor estético. Os dadaístas se encontravam em um café chamado Café Voltaire, que ficava em Zurique, no começo de 1916 (Richter, 1993).

Os artistas começaram a golpear sua própria arte, como aconteceu literalmente a Hans Richter (1888-1976), que o fez após ficar extremamente abalado pela violência da guerra (Richter, 1993).

> *Cadeau*, obra de Man Ray (1890-1976), é emblemática. O artista interferiu em um objeto industrializado – um ferro de passar –, acrescentando-lhe pregos e anunciou que o ideal para complementar essa obra seria que ela fosse usada sobre uma tela de Rembrandt, transformada em tábua de passar. Se tal sugestão se concretizasse, a tela do venerado artista holandês seria toda danificada, o que, na realidade, era mesmo o objetivo. O artista estava justamente sugerindo uma agressão, o que é um bom exemplo do espírito com o qual as obras dadaístas eram propostas.
>
> Você pode conferir a obra *Cadeau* no endereço eletrônico que indicamos a seguir:
>
> RAY, Man. **Cadeau**. 1921-1963. Disponível em: <http://www.arte.seed.pr.gov.br/modules/galeria/detalhe.php?foto=104>. Acesso em: 31 out. 2016.

A imagem do dadá será sempre uma imagem pessoal daquele que percebe, projetada a partir de suas convicções, de suas concepções de obras de arte e mudada por suas preferências. A palavra *dadá* poderia representar a primeira palavra falada pela criança. Esse título, que recebeu inúmeras interpretações, é um tanto sugestivo, já que os artistas envolvidos com essa ideia pretendiam retornar ao início, ao primordial, ingênuo, essencial (Richter, 1993).

Para Ronaldo Brito (2005, p. 74), "a liberdade moderna não era simplesmente a afirmação de novas possibilidades: era, sobretudo, uma revolta, um desejo crítico diante das coisas e dos valores instituídos". Ela "expressava o paradoxo de um sujeito que não reconhecia mais o mundo como tal". Todas as vanguardas apresentavam diferenças irredutíveis, mas "tinham um ponto em comum: desnaturalizavam o olho, descentravam o olhar". E agora? O que fazer sem a segurança desse lugar? O projeto moderno representou então um esforço contraditório: "matar a arte para salvá-la" (Brito, 2005, p. 74). Mas seria possível? Ou era realmente a decretação de uma morte anunciada?

Síntese

Dois artistas *hispanohablantes*, em especial, aventuraram-se em um país estrangeiro no início do século XX. Cada um seguiu por um caminho, embora no início tenham se envolvido com a vanguarda cubista. Diego Rivera ficou conhecido pelo muralismo mexicano, um movimento patrocinado pelo governo que propunha a exibição de obras em grandes dimensões, acessíveis ao grande público e que abordavam temas políticos. O espanhol Picasso, por sua vez, teve uma intensa participação no cubismo, propondo, em seus trabalhos dessa fase, a ênfase de que a obra de arte não precisa ter uma função extra, mas pode se concentrar na sua própria linguagem. A obra madura de Picasso, no entanto, também acabou por centrar-se no elemento humano. Esse tema, aliás, foi o grande interesse dos alemães expressionistas, que, tocados pela eminência da guerra, externaram suas tensões na xilogravura.

Nessa seção, direcionada pela guerra, ainda abordamos as tendências abstratas a partir de Kandinsky, artista que teve uma intensa atuação na Alemanha, tendo participado, inclusive, do expressionismo. É ainda aí que o futurismo italiano entra em cena. As marcantes palavras que integram seu manifesto exemplificam bem a tendência das vanguardas de atacar umas às outras e à arte do passado para se legitimar.

O excêntrico surrealista Salvador Dalí é o mote da penúltima seção do capítulo e esclarece bem os aspectos referentes à proposta que era pautada em uma forma tradicional de representação, com pincelada invisível e técnicas renascentistas que materializavam um conteúdo onírico. Muitos surrealistas de início eram dadaístas, a vanguarda que encerra o capítulo por ser a mais transgressora e a que descarta mais elementos que até então tinham sido tão caros à arte. Ela anuncia que o artista sequer necessita produzir artesanalmente uma obra, podendo apenas selecionar um objeto pronto, industrializado (apelidado *ready made*) e transfigurá-lo em arte. Tal ousadia enfatiza a fama de antiarte dessa vanguarda e abre as portas para a arte contemporânea.

Atividades de autoavaliação

1. A volta ao clássico, proposta pelo neoclassicismo que incentivava a mera imitação dos antigos, impulsionou um movimento contrário intitulado *arte moderna*. Sobre ele é correto afirmar:
   a) Os modernos também estavam interessados na renovação da linguagem artística.
   b) A preocupação com o tema dos quadros deu lugar à preocupação com a forma de pintá-los.
   c) As cores, linhas e formas encontraram-se no rol de preocupações dos modernos.
   d) A arte do passado era devidamente valorizada e louvada pelos modernos porque nela eles buscavam inspiração.

2. Classifique as afirmativas a seguir como verdadeiras (V) ou falsas (F):
   ( ) A grande preocupação de toda arte moderna girava em torno das temáticas, entre elas, o retrato da figura humana.
   ( ) As regras observadas pelos artistas modernos eram: o uso da perspectiva; o uso do fundo paisagístico nas telas feitas no interior do ateliê; o uso da cor preta por último, de modo a não escurecer demais o trabalho.
   ( ) Os modernos faziam somente trabalhos sob encomenda e observavam rigidamente a preferência do cliente de modo a não decepcioná-lo.
   ( ) Qualquer tema era um tema possível para o artista moderno. Cada artista concentrou mais seu trabalho em certo aspecto formal. Uns, por exemplo, privilegiaram a cor, outros se concentraram nas linhas e nas formas.

3. Picasso é um artista reconhecido mundialmente. Vendeu muitos trabalhos em vida, podendo gozar de todos os benefícios que o dinheiro proporcionou. Sobre ele é **incorreto** afirmar:
   a) Fez parte do movimento chamado *cubismo*.
   b) Seus trabalhos não eram realistas, objetivavam a desconstrução do real.
   c) Picasso se interessava muito pelo elemento humano.
   d) Era um excelente artista mexicano que se dedicou aos murais.

4. O grande expoente do surrealismo foi o artista Salvador Dalí. Sobre o movimento, classifique as afirmativas a seguir como verdadeiras (V) ou falsas (F):

( ) Os sonhos eram a inspiração para as telas de tal movimento.

( ) Os artistas retratavam conteúdos oníricos de forma realista e impecável.

( ) Pelas suas atitudes, é evidente que Dalí não pretendia chamar a atenção das pessoas. Ele queria ser confundido com um cidadão comum.

( ) As telas surrealistas eram exclusivamente pintadas em preto e branco.

5. Enquanto o impressionismo retratava impressões visuais, o expressionismo retratava estados de espírito dos artistas. Classifique as afirmativas a seguir como correspondentes ao expressionismo (E) ou ao impressionismo (I):

( ) É o movimento que abriga xilogravuras.

( ) *Impressão, nascer do sol* é um trabalho que faz parte desse estilo.

( ) Monet, Degas e Renoir são artistas desse movimento.

( ) Enérgicos traços de artistas tocados pelos horrores da guerra são encontrados em obras desse movimento.

Atividades de aprendizagem

Questões para reflexão

1. No decorrer do capítulo, afirmamos que os muralistas mexicanos eram, de certa forma, considerados revolucionários, contudo ressaltamos que os murais eram encomendados e patrocinados por um governo que não era revolucionário. Pense sobre isso e tente explicar como ocorria essa relação.

2. Ao final do capítulo, destacamos que, segundo Ronaldo Brito, o projeto moderno representou um esforço contraditório de matar a arte para salvá-la. Reflita sobre essa afirmação e emita sua opinião crítica sobre o fim da arte.

Atividade aplicada: prática

O quadro *Almoço na relva*, (1863), de Édouard Manet (reveja o quadro de Manet no Capítulo 4), inspirou o quadro de mesmo nome do pintor moderno Pablo Picasso. Para pintar *Almoço na relva*, Manet também se inspirou em várias outras obras anteriores de outros grandes pintores. É muito comum, no campo da arte, a releitura, a recriação baseada em originais icônicos. Com base nessa apropriação da obra de Manet, quais ideias o cubista Picasso acrescenta quando faz sua releitura? Descreva.

Figura 5.18 – *Almoço na relva*, de Pablo Picasso

PICASSO, Pablo. **Almoço na relva**. 1961. Coleção particular.

6

Arte contemporânea

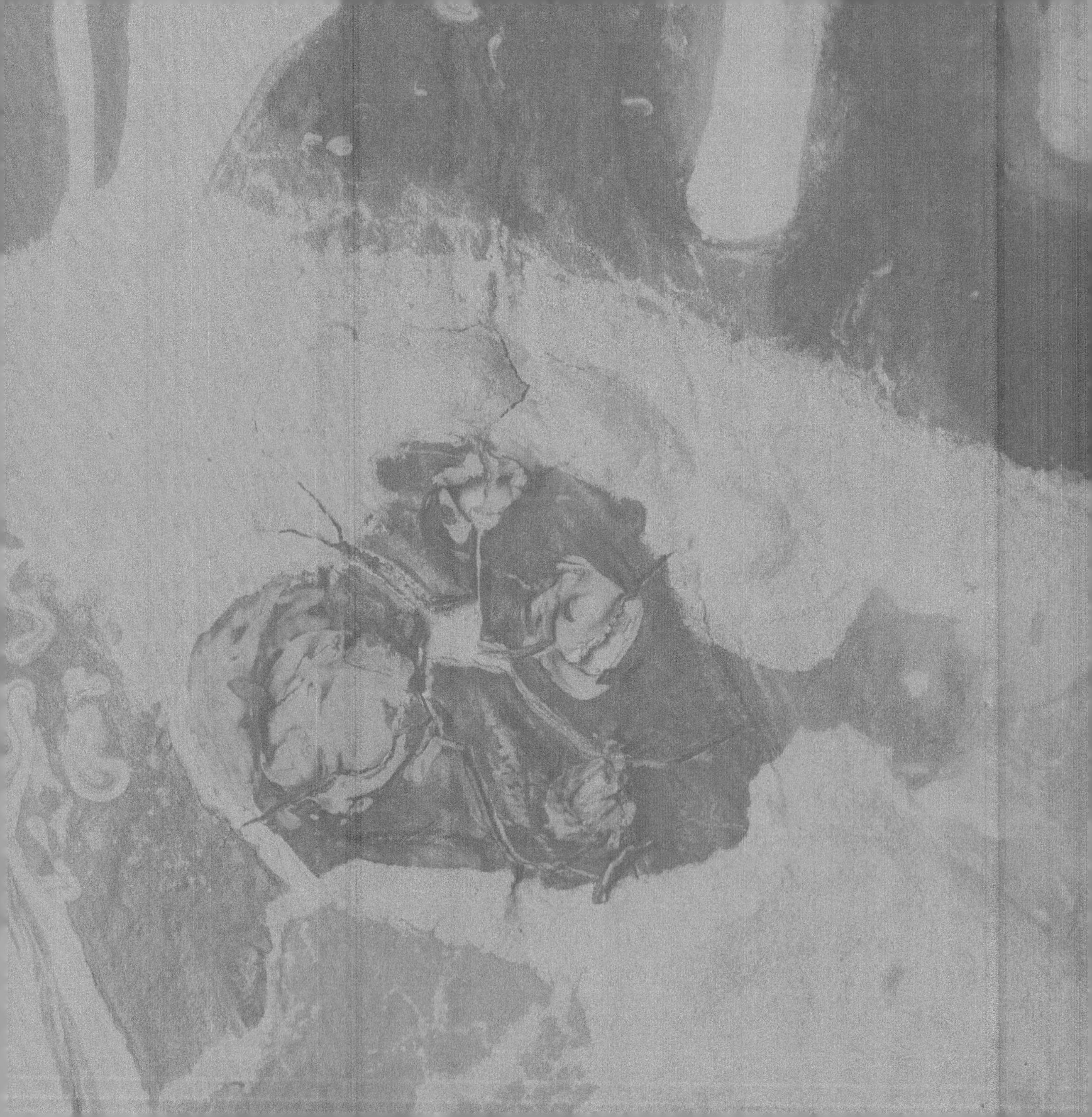

Neste capítulo, iniciamos nossa discussão a respeito das contribuições do crítico de arte Arthur Danto, que explicam o quanto é difícil analisar a arte contemporânea, uma vez que estamos muito próximos a ela. Apresentamos as propostas transgressoras da arte contemporânea, começando com uma rápida reflexão sobre a ideia de *performance*, que se desdobrará na reflexão sobre o uso do corpo na arte contemporânea. A seguir, mostramos a arte conceitual, em que os artistas passam a rejeitar o tradicional objeto de arte e a enfatizar as ideias, que são transmitidas pela escrita, pela fotografia, por documentos, mapas, filmes, vídeos.

Para podermos analisar as mudanças que caracterizam a arte contemporânea, utilizamos a escultura, agora em sua forma contemporânea, que se mistura a outras modalidades de arte, como o desenho. Ainda neste item, comentamos sobre as intervenções urbanas: o *site specific* – uma obra planejada para figurar em um lugar predeterminado – e o *graffiti* – uma arte ainda marginalizada, mas divertida e bem-humorada, que vem tomando conta das grandes cidades e está ao alcance de todos.

Ao fim do capítulo, apresentamos a aliança entre ciência e arte: o uso das novas tecnologias, que proporciona uma nova relação da arte com o público. Nesse tipo de trabalho, o público interage e participa da obra, que geralmente pode ser manipulada.

6.1 Propostas transgressoras

A falta de unidade estilística é a principal característica da arte contemporânea, e isso, na opinião do crítico Arthur Danto, dificulta sua historização. Ela abriga, por exemplo, uma diversidade de manifestações que antes seriam inimagináveis. Entre elas está a *performance*, que mistura dança, artes visuais, teatro, música. Há também uma ênfase na importância do conceito que as obras carregam, o que faz com que, para compreendermos boa parte da arte atual, tenhamos de ativar a experiência do pensamento.

6.1.1 O fim da arte

O filósofo e crítico de arte Arthur Danto contribuiu muito para a compreensão das mudanças da arte recente. Essa tarefa não é simples, uma vez que o terreno é extremamente nebuloso. Para Danto, é difícil fazer uma análise a respeito da arte contemporânea porque estamos muito próximos dela. Enquanto vivenciaram a arte, os primeiros artistas contemporâneos não sabiam que faziam algo de gênero diferente. Só retrospectivamente é que se viu essa mudança (Danto, 2006).

Danto estima que a passagem da arte moderna para a contemporânea ocorreu em algum momento da década de 1960. Para ele, a arte moderna está acabada e, em algum lugar, há uma distinção entre o moderno e o contemporâneo. O contemporâneo passou a ser mais que a arte do momento; é a arte produzida segundo certa estrutura, jamais vista em toda a história da arte (Danto, 2006).

Esse mesmo autor observa que, quando um perfil de arte se revela, muitas vezes já acabou. Ele alerta para o fato de que, nas décadas de 1970 e 1980, ainda não era possível que se distinguisse com facilidade as diferenças entre a arte moderna e a contemporânea, embora já desde 1960 a arte produzida se diferenciasse muito da proposta moderna.

O moderno tinha um sentido estilístico identificável. Quanto ao contemporâneo, tem-se "a sensação de que não há um estilo identificável, de que não há nada que se ajuste. Mas que na verdade é a marca das artes visuais desde o final do modernismo, que como período se define pela falta de uma unidade estilística [...]" (Danto, 2006, p. 15).

Figura 6.1 – Carina Weidle (1966), Brasil

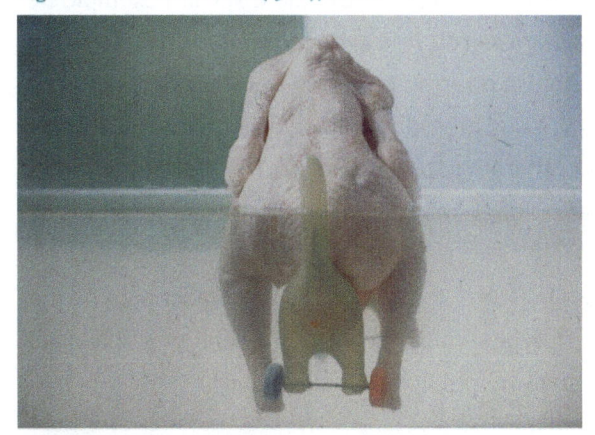

WEIDLE, Carina Maria. Toy rider. 1996. Díptico fot.: color. (Parte 1).

WEIDLE, Carina Maria. Galinhas olímpicas. 1994. Fot.: color. (Série 10 fot.).

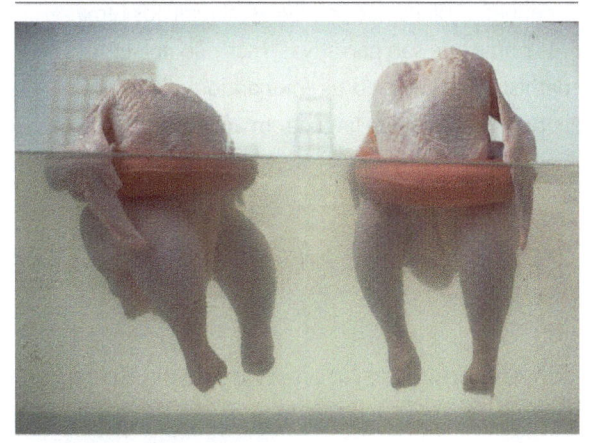

WEIDLE, Carina Maria. Two floating. 1995. Fot.: color.

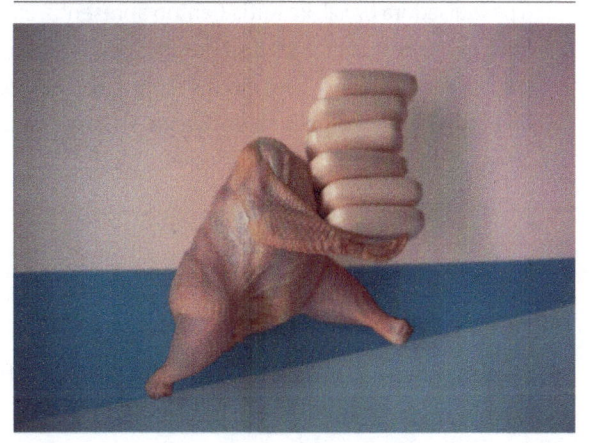

WEIDLE, Carina Maria. Pink Hard Body. 1994. Fot.: color.

Para Danto (2006, p. 26), "Qualquer coisa jamais feita poderia ser feita hoje e ser um exemplo de arte pós-histórica." *Pós-histórico* é o termo que ele usa para se referir à arte contemporânea, também chamada por outros pensadores de *pós-moderna*. Danto usa o termo porque defende a ideia de que a arte produzida na atualidade resiste em ser historicizada nos métodos tradicionais utilizados pela história da arte. Para ele, as grandes narrativas que nos contaram sobre as transformações ocorridas na arte desde a Pré-história já não conseguem classificar ou dar conta da imensa profusão de estilos de que dispomos hoje (Danto, 2006).

Danto observa que os artistas, liberados do peso da história, ficaram livres para fazer arte da maneira que desejassem, para quaisquer finalidades que desejassem ou mesmo sem nenhuma finalidade. Coloca-se, inclusive, a arte a serviço de objetivos pessoais ou políticos (Danto, 2006).

> A pesquisadora brasileira Kátia Canton apresenta, em uma pequena coleção de seis livros, alguns dos temas mais evidentes da arte contemporânea: o uso do corpo, as obras que são narrativas, mas não no sentido tradicional e linear, a questão do tempo, da memória, da história, o espaço direcionando a elaboração da obra, o ativismo político do artista. Trata-se de uma leitura essencial em linguagem acessível: Canton, 2009a, 2009b, 2009c, 2009d, 2009e, 2009f.

6.1.2 *Performance*

Para exemplificar a colocação de Danto sobre a obra contemporânea estar a serviço de objetivos pessoais, vejamos o conceito de *performance*:

> O termo *performance* é tão genérico quanto as situações nas quais é utilizado. Na vida, bem como em distintas áreas de conhecimento, a palavra transita em muitos discursos [...]. Muitas vezes, também somos levados a pensar em um único formato, baseado no artista em uma ação ao vivo, visto por um público, num tempo e espaço específico. (Melim, 2008, p. 7-8)

Em algumas *performances*, os artistas se "recusam a deixar evidências ou qualquer tipo de existência do trabalho". Noutras, "deixam rastros a partir de uma série de remanescentes" (Melim, 2008, p. 7-8).

A *performance* da artista Orlan durou toda a década de 1990. Ela realizou um exaustivo projeto que ficou conhecido como *Reencarnação da Santa Orlan*, o qual consistiu de nove *performances* que foram as nove cirurgias plásticas às quais a artista se submeteu. Todas foram registradas e puderam ser acompanhadas ao vivo, por meio de filmagem. Em cada uma, Orlan remodelou uma pequena parte de seu corpo com o propósito de que se assemelhasse a alguma musa representada na história da arte. Seu queixo, por exemplo, foi modificado para se aproximar do queixo da Vênus do renascentista Botticceli (1445-1510).

O corpo se transfigura em uma espécie de *outdoor*, que exibe o registro da história pessoal. O tempo de exposição da obra é o da vida. A ideia dos artistas que utilizam o corpo como suporte da arte ou que praticam a *body art* é frequentemente ultrapassar os limites físicos para fortalecer a alma. Consideram a dor necessária para o amadurecimento. Sentem que há uma completude por meio da marca corporal (Pires, 2005).

O artista se golpeia e o público frequentemente se sente golpeado. A *body art*, que surgiu em meados da década de 1960, é certamente uma resposta à conjuntura daquele período, marcada pela luta contra o cerceamento da liberdade por parte de governos autoritários. O artista sentia que a única coisa que lhe pertencia era o corpo, então o transfigurava em obra de arte.

Pioneira da arte performática, Marina Abramovic (Iugoslávia, 1946) começou suas *performances* em 1970. A exposição *Marina Abramovic: The Artist Is Present*, que ocorreu no Museu de Arte Moderna de Nova York, ficou extremamente conhecida. A cada dia da exposição em que o museu foi aberto, entre 14 de março e 31 de maio de 2010, os visitantes eram incentivados a sentar-se silenciosamente em frente à artista por um período de sua escolha, tornando-se participantes no trabalho artístico. Eram cerca de 7 horas diárias em que a artista não saía da cadeira, nem para beber água ou ir ao banheiro.

Para mais detalhes, consulte:

MOMA – Museum of Modern Art. **Marina Abramovic**: the Artist is Present. 2010. Disponível em: <http://www.moma.org/calendar/exhibitions/964?locale=en>. Acesso em: 28 abr. 2016.

6.1.3 Conceitualismos

Muitos proclamaram a morte da arte, o que, aliás, já foi declarado nas primeiras décadas do século XX, pela antiarte dadá. Para Danto (2006), a arte poderia chegar a um fim sem que com isso as pessoas deixassem de fazer arte, como se fosse um novo começo. Ele enfatiza também que o significado de arte é determinado historicamente. Nesse sentido, aquilo que tradicionalmente entendíamos como arte não faz parte da essência do que é a arte, mas é determinado pela história. Cada momento histórico dá à arte uma função, um significado. Portanto, esse autor acredita que a arte não chegou ao fim, mas apenas que seu significado, "que em outros momentos foi representar o real ou reforçar os dogmas religiosos", é hoje totalmente outro (Danto, 2006).

Diante dessas questões, muitos artistas propõem que sua produção artística pode ser, inclusive, uma provocação para alimentar o debate: o que é arte? É o caso do trabalho do artista brasileiro Paulo Bruscky (1949-), que pode ser conferido no endereço eletrônico que segue. O trabalho consiste em uma fotografia de uma placa de petri sobre a qual há um carimbo que atesta: "Confirmado, é arte!".

BRUSKY, Paulo. **Confirmado, é arte**. 1977. Fotografia (placa de petri). Disponível em: <http://enciclopedia.itaucultural.org.br/pessoa7783/paulo-bruscky>. Acesso em: 26 nov. 2016.

Na década de 1980, surgiu o sentimento de que a ausência de direção era o traço que definia o novo período. A arte conceitual mostra, por exemplo, que não é preciso nem que a obra se materialize. Ela pode ser simplesmente o anúncio de algo, de uma ideia.

Arte conceitual é uma espécie de vale tudo na arte que surgiu na década de 1960. Seus artistas rejeitavam esse artigo de luxo único, permanente, portátil e, portanto, vendável, que é o tradicional objeto de arte. "No lugar dele, surgiu uma ênfase sem precedentes nas ideias (...) não facilmente contidos num só objeto, mas transmitidas apropriadamente por propostas escritas, fotografias, documentos, mapas, filmes vídeos" (Stangos, 2000, p. 182).

A letra da música "Bienal", do cantor e compositor brasileiro Zeca Baleiro, ilustra bem o clima que envolve a arte conceitual e que se estende para a arte da contemporaneidade. Ele enfatiza a "desmaterialização da obra de arte", termo largamente utilizado para se referir às propostas que ressaltam mais o conceito da obra e menos o objeto, ou produto. Destacamos aqui alguns trechos:

> Desmaterializando a obra de arte do fim do milênio
> Faço um quadro com moléculas de hidrogênio
> Fios de pentelho de um velho armênio
> Cuspe de mosca, pão dormido, asa de barata torta
>
> Teu conceito parece, à primeira vista,
> Um barrococó figurativo neo-expressionista
> Com pitadas de arte nouveau pós-surrealista
> Caucado da revalorização da natureza morta
> [...]
> (Baleiro, 1999)

O resultado dessa transformação na arte é, entre outros, que não podemos mais ensinar o significado de arte por meio de exemplos. No que se refere à aparência, tudo pode ser uma obra de arte. (lembremos de *Brillo Box*, de Andy Warhol). Contudo, é importante ressaltar também que já não há necessidade de efetuar uma classificação, porque a profusão de estilos na atualidade e a ampla liberdade de que goza o artista contemporâneo ampliaram e tornaram mais maleável o conceito de arte e suas categorias, misturando-as. Ela, inclusive, mistura-se ao nosso cotidiano. Como vimos, essa transgressão dos formatos tradicionais da arte não é novidade. Na década de 1950, já não conseguíamos realizar com facilidade a distinção entre o que era arte e o que não era. Danto (2006), que refletiu muito a respeito desse assunto, chegou a eleger ao *Brillo Box* como uma das obras mais intrigantes de nosso tempo.

Para descobrir o que seria arte, era preciso voltar-se da experiência dos sentidos para a do pensamento. A arte seria possivelmente uma forma de filosofia, convidando-nos a uma consideração intelectual.

> Na 29ª Bienal de São Paulo, de 2010, foi exposto um trabalho perturbador do artista José Antonio Vega Macotela (México, 1980). Durante três anos, Macotela frequentou toda semana uma prisão e criou com os presos uma dinâmica de trocas. Enquanto ele realizava um pedido de um detento, este fazia uma tarefa artística em retribuição. Ao todo foram 365 trocas, que simbolizam os dias do ano. Por exemplo: em troca de procurar sua esposa e testemunhar os primeiros passos de seu filho pequeno, o detento El Superraton recolheu e catalogou para o artista as pontas de cigarro da sua cela, parando de fumar quando finalmente o artista viu a criança andar.
> Confira esse trabalho no endereço eletrônico a seguir:
>
> MACOTELA, José Antonio Vega. **Intercâmbio divisa de tempo**. 2006-2010. Disponível em: <http://www.nola.com/arts/index.ssf/2014/12/prospect3_artist_antonio_vega.html>. Acesso em: 31 out. 2016.
>
> E ainda: em troca de o artista encontrar o amor da vida do detento El Kamala, este teve que perfurar o livro *O Conde de Monte Cristo,* aplicando o ato motor (tique) que tinha no dedo indicador. O artista defende que apenas o tempo pode equivaler ao tempo. (Perigo, 2014)

6.2 Campo expandido

A escultura, o monumento, a intervenção urbana, o *graffiti*, disponíveis para serem observados por qualquer transeunte em nossas cidades, revelam um interesse crescente dos artistas em expor fora dos lugares expositivos tradicionais. Novidades se evidenciam: o artista de rua quer a arte ao alcance de todos e hoje é possível verificar que as fronteiras das modalidades tradicionais de arte não são mais tão nítidas.

6.2.1 O tridimensional ou a escultura contemporânea

A escultura, essa modalidade tradicional de arte, tem se modificado muito com o passar dos anos. A modelagem em argila, por exemplo, que é uma técnica antiga e muito popular, tem adquirido, nas esculturas contemporâneas, características inteiramente novas, como notamos na obra *Nui*, da artista chinesa radicada no Brasil Maria Cheung (1957-). A obra consiste em uma porção de pés brancos de cerâmica vestidos em meias-calças pretas. O conjunto alinhado evoca um efeito único. Confira a obra da artista no seguinte endereço eletrônico:

> CHEUNG, Maria. **Nui** (mulher em chinês). Cerâmica queimada no forno elétrico. Técnicas utilizadas: modelagem, formas. Materiais: cerâmica e meia calça. Disponível em: <http://muvi.advant.com.br/artistas/m/maria_cheung/maria_cheung.htm>. Acesso em: 26 nov. 2016.

Cheung apresenta uma nova concepção de escultura e de cerâmica, evidenciando estar alinhada ao conceito desenvolvido por Rosalind Krauss a respeito da escultura no campo expandido. A obra de Cheung tem um caráter confessional enquanto revelação da sua própria identidade sociocultural. A artista inspirou-se em

> sua bisavó e nas mulheres chinesas que até o século XIX tinham os pés mutilados – enfaixados desde a infância – para que não crescessem além de 8 cm de comprimento. Os homens obrigavam as mulheres a este sacrifício não só porque para eles os pés pequenos e enfaixados eram um fetiche sexual, como também representavam submissão e clausura. Os pequenos passos que conseguiam dar, tornavam-nas frágeis e dependentes; sem autonomia para se locomover livremente. (Araújo, 2016)

A escultura também tem se misturado a outras modalidades de arte, como o desenho. Há um trabalho realizado pela artista plástica japonesa radicada no Brasil, Tomie Ohtake (1913-2015), que teria as características evidentes de uma escultura, afinal apresenta largura, altura e profundidade. Contudo, o trabalho contraposto à paisagem ao ar livre já não mais parece uma escultura, e sim um desenho no espaço.

> Sugerimos as visitas virtuais à exposição permanente no site Museu Oscar Niemeyer (MON) "Pátio das Esculturas" e à página do Instituto Tomie Ohtake:
>
> OHTAKE, Tomie. **Pátio das esculturas**. Museu Oscar Niemeyer (MON). Disponível em: <http://www.museuoscarniemeyer.org.br/exposicoes/exposicoes/patio_esculturas>. Acesso em: 26 nov. 2016.
>
> INSTITUTO Tomie Ohtake. **Site oficial**. Disponível em: <http://www.institutotomieohtake.org.br/>. Acesso em: 26 nov. 2016.

Essa situação, em que já não são mais tão nítidos os limites que determinam se um trabalho artístico contemporâneo é uma escultura ou um desenho, demonstra que, possivelmente, as fronteiras das modalidades tradicionais de arte que conhecemos "escultura, gravura, desenho, pintura" estão borradas. Parece-nos, assim, que as características que as classificavam já não mais se encaixam nas obras de arte produzidas na contemporaneidade, o que provocou uma reflexão tendo como base a ideia do **híbrido**.

6.2.2 Monumento e intervenção urbana

Há algum tempo, temos a oportunidade de ver a arte nas ruas, em praças e em outros locais públicos, o que possivelmente estimulou outra característica marcante da arte que vem surgindo desde a década de 1960: o chamado *site specific*, que é um trabalho artístico planejado para figurar em um lugar predeterminado. Isso implica que, em sua confecção, o artista o planeje e o construa considerando o local em que ele será exposto. O mais interessante é que muitos *sites specific* são projetados para figurar fora dos museus e das galerias, ou seja, fora dos tradicionais espaços expositivos, democratizando muito a arte e levando-a ao alcance de pessoas que talvez nunca tenham entrado em um museu de arte. A iniciativa é louvável, uma vez que dessacraliza a obra de arte, aproximando-a do público. A arte se materializa em formas de intervenção urbana.

Figura 6.4 – *Monumento às Bandeiras*, de Victor Brecheret

BRECHERET, Victor. **Monumento às Bandeiras**. 1921-1954. 50 m × 16 m. São Paulo, Brasil.

Nos locais públicos da cidade, geralmente podem ser encontradas estátuas, esculturas e outras formas de monumentos. No Brasil, por exemplo, entre as inúmeras esculturas importantes, destaca-se a localizada em frente ao Parque do Ibirapuera, na cidade de São Paulo, que foi realizada pelo artista modernista Victor Brecheret (1894-1955). Trata-se do *Monumento às Bandeiras* (Figura 6.4), com 50 m de comprimento e 16 m de altura, encomendado em 1921 e inaugurado somente em 1954.

É uma escultura que sintetiza a imagem dos bandeirantes paulistas que se quer venerar. Seus feitos são motivos de orgulho para o Estado de São Paulo, por terem sido grandes desbravadores, embora em outros locais, que foram por eles invadidos, tenham sido considerados saqueadores sanguinários.

Ao utilizar cimento, madeira, pregadores, papel, plástico, conchas, sucata industrial, o artista do século XX realizou experimentações bem diferentes das de um escultor clássico. As esculturas mais recentes também dialogam com o ambiente para o qual foram projetadas, e a preocupação do artista em harmonizar o espaço e a forma é constante.

Na obra *Tilted Arc* (1987), por exemplo, Richard Serra (1939-) instalou uma imensa placa de metal de pouco mais de três metros de altura em uma conhecida praça de Nova York. A escultura atravessava o local de um extremo a outro. O artista esperava atrair a atenção da população que passava por ali, obrigando-a a mudar de trajeto. Contudo, o trabalho não foi bem recebido e, irritados, os indivíduos que passavam diariamente por lá conseguiram que a obra fosse retirada para que o trajeto voltasse a ser como era.

> Conheça a obra *Tilted Arc*, de Serra, no endereço eletrônico que segue:
>
> SERRA, Richard. **Tilted Arc**. Disponível em: <http://www.tate.org.uk/context-comment/articles/gallery-lost-art-richard-serra>. Acesso em: 26 nov. 2016.

6.2.3 O *graffiti*

Graffiti é o plural da palavra italiana *graffito*, que significa inscrição ou desenho antigo, toscamente riscado a ponta ou carvão em rochas ou outras superfícies (Gitahy, 1999, p. 13).

Com frequência, o *graffiti* se torna uma forma de denúncia de conformações da sociedade. De forma bem-humorada, ele faz uma crítica à sociedade e a deixa estampada nos muros, que são a vitrine da cidade. O traçado costuma ser descomprometido com a ideia de realismo, de desenho correto, de cores reais. O conteúdo dos trabalhos é, às vezes, surreal, caricato.

Banksy (1974-), um conhecido grafiteiro da cidade de Bristol na Inglaterra, produziu de forma ilegal centenas de intervenções urbanas utilizando o método do estêncil. Nessa técnica, formas são recortadas e subtraídas de um suporte de papel. O que restou do suporte é colocado sobre a parede e recebe um jato de tinta *spray*, deixando a forma impressa. Banksy exibe, em suas intervenções, uma crítica bem-humorada, porém agressiva. Inicialmente os *graffitis* eram removidos pela prefeitura de Bristol, porém, devido ao fato de a cidade começar a atrair turistas interessados em ver os trabalhos do famoso grafiteiro, a situação se inverteu e a prefeitura passou a não só preservar os *graffitis*, mas também a organizar excursões para vê-los.

> Conheça as obras de Banksy no *site* oficial do artista, acessando o endereço eletrônico que segue:
>
> BANKSY. **Site oficial**. Disponível em: <http://banksy.co.uk>. Acesso em: 31 out. 2016.

6.3 Arte e tecnologia

Os artistas capturam o espírito do seu tempo e se sentem impelidos a utilizar a tecnologia disponível na produção das obras. Essa é a resposta para a crescente utilização de tecnologia de ponta na produção artística. A utilização dos termos *virtual*, *robótica*, *holografia*, *realidade aumentada*, entre outros, passou também a ser frequente no âmbito da arte.

6.3.1 Aliança entre arte e ciência

A visita ao Museu da Língua Portuguesa em São Paulo era abrilhantada pela maneira como os recursos tecnológicos apresentavam a literatura brasileira. Depois de um vídeo sobre a origem das palavras, a tela do cinema começava a subir. Éramos convidados a entrar no pátio multimídia, onde o teto, o chão e as laterais exibiam projeções de trechos da poesia brasileira.

Como não ficar empolgado com o *Epigrama*, de Gregório de Mattos, o Boca do Inferno, na voz do *rapper* paulistano Rappin' Hood. Ele declamava, sobre um arranjo de *rap*, um poema escrito no século

XVII e o resultado era espantoso. Pouco depois, nossos olhos acompanhavam o rápido sabiá virtual que voava de um canto ao outro ao som das várias versões de *Canção do exílio*, de Gonçalves Dias.

Fragmento do poema *Epigrama*, de Gregório de Mattos, do século XVII (Magalhães Júnior, 1957, p. 5):

> Que falta nesta cidade?... Verdade.
> Que mais por sua desonra?... Honra.
> Falta mais que se lhe ponha?... Vergonha.
> O demo a viver se exponha,
> Por mais que a fama a exalta,
> Numa cidade onde falta
> Verdade, honra, vergonha.
> Quem a pôs neste rocrócio?... Negócio.
> Quem causa tal perdição?... Ambição.
> E no meio desta loucura?... Usura.
> Notável desaventura
> De um povo néscio e sandeu,
> Que não sabe que perdeu
> Negócio, ambição, usura...
> [...]

Entre as inúmeras possibilidades do uso da tecnologia para o entretenimento, destacamos aqui o *show* multimídia do Museu da Língua Portuguesa. O pintor, o desenhista, o escultor, que também atuam na área de entretenimento, compreendem as mudanças que as novas tecnologias trazem e desenvolvem pesquisas para utilizar as novas mídias no seu trabalho artístico.

> Confira o trabalho *SMSlingshot*, de Patrick Tobias Fischer, Christian Zöllner, Thilo Hoffmann e Sebastian Piatzado, do Reino Unido, no endereço eletrônico a seguir:
>
> PIATZA, S. et al. **SMSlingshot**. 2010-2013. Disponível em: <http://www.vrurban.org/smslingshot.html>. Acesso em: 31 out. 2016.
>
> Em *SMSlingshot*, um estilingue é apontado para algum ponto, mas não se trata de um estilingue qualquer. Ele projeta mensagens que o jovem digitou um pouquinho antes num pequeno computador. Os artistas queriam que as pessoas participassem da sua obra de arte e queriam criar algo que as entusiasmasse mais.

Com boas ferramentas e materiais, o artista tem maior chance de obter sucesso na execução da obra de arte que planejou. A história da arte não é apenas a história das ideias estéticas, mas também a história dos meios, dos veículos que nos permitem dar expressão a essas ideias.

As novas tecnologias podem fazer coisas que antes tomariam um tempo enorme se fossem feitas por outros meios.

> Um bom exemplo são as animações de desenhos infantis, que, no início, eram feitas à mão, como no caso do primeiro longa-metragem de animação, *Branca de Neve e os sete anões*. A heroína, ao gastar dois segundos para levantar o braço, requeria que fossem feitos 48 desenhos do braço nas várias posições. Atualmente o computador agilizou muito esse processo. (Perigo, 2008-2009)

O que os artistas visuais estão criando em uma época com tanta tecnologia disponível? Alguns artistas utilizam a tecnologia como uma boa aliada da arte. Vejamos a obra *Rara avis*, do artista brasileiro Eduardo Kac.

Figura 6.5 – *Rara avis*, de Eduardo Kac

Figura 6.6 – *Rara avis*, de Eduardo Kac

KAC, Eduardo. **Rara Avis**. 1996. Trabalho de telepresença com um robô papagaio, 30 mandarins, internet, *headset* de realidade virtual, aviário. Vista da exposição no Museu de Arte Contemporânea de Atlanta, 1996.

KAC, Eduardo. **Rara Avis**. 1996. Trabalho de telepresença com um robô papagaio, 30 mandarins, internet, *headset* de realidade virtual, aviário.

Figura 6.7 – *Rara avis*, de Eduardo Kac

KAC, Eduardo. **Rara Avis**. 1996. Trabalho de telepresença com um robô papagaio, 30 mandarins, internet, *headset* de realidade virtual, aviário. Vista da exposição no Museu de Arte Contemporânea de Atlanta, 1996.

Essa nova arte pode ser vivida, porque nesse tipo de trabalho o público interage, deixa de ser passivo e participa da obra. Geralmente, trata-se de obras que não são só para ver, mas podem ser manipuladas. Há trabalhos em que o público manipula os dados, criando novos seres com cores e características diferentes, habitando um mundo virtual. Nesse contexto, o público pode até mesmo influenciar o desfecho do trabalho. A obra é o processo, e o público compartilha com o artista a responsabilidade da autoria do trabalho.

A obra *Rara avis* foi produzida em parceria com cientistas. Trata-se de uma gaiola gigante, onde Kac colocou uma arara robô convivendo com outros pássaros reais e plantas artificiais. A pessoa coloca um capacete de realidade virtual e consegue enxergar com os olhos do robô. Seus movimentos são repetidos pelo pássaro. É a arte e a ciência se unindo em uma bem-sucedida parceria, para dar

> às pessoas a sensação de ver através dos olhos de outro ser e de ter a experiência, ainda que no campo virtual, da sensação de voar – eis a materialização não apenas do desejo de criar outro ser, mas de poder experimentar uma existência através de outro corpo, vendo através de seus olhos e compartilhando seus movimentos, suas ações. (Perigo, 2016)

6.3.2 Outro artista, um novo público

Para Arlindo Machado (1993), as descobertas revolucionárias não são só resultado dos investimentos da ciência, mas também de experiências no campo da magia, da arte, da diversão de massa, da loucura. O filme *1492: a conquista do paraíso*, de Ridley Scott, por exemplo, mostra o quanto Colombo, o descobridor da América, necessitou de uma boa dose de loucura e ousadia para se aventurar em sua empreitada, sem saber se a comida seria suficiente até a tripulação chegar à terra firme ou se todos morreriam no mar.

Na atualidade, o artista não precisa mais ser coerente com uma única linguagem. Já não se exigem mais os tipos de habilidades que antes eram exigidas dele. Agora, a obra nasce a partir do trabalho cognitivo do artista. Ninguém é mais exclusivamente pintor, poeta ou compositor (Machado, 1993).

Roy Ascott (1934-) verificou, em dado momento de sua carreira, que o papel do artista não é o de criar conteúdos, mas o de criar contextos, fornecendo um campo de operações para o usuário se envolver na obra e experienciá-la como processo. O sujeito na atualidade é totalmente outro. Na sociedade do audiovisual, ele desenvolveu capacidades extraordinárias. Nos jogos, no computador, nas obras de arte, o indivíduo pode experimentar viver na pele de uma série de personagens com personalidades diferentes da sua (Domingues, 1997).

O trabalho da imagem na Figura 6.8 exemplifica bem a colocação de Roy Ascott. Para apreciar esse trabalho de Char Davies (1954-), intitulado *Osmose* (1995), o indivíduo coloca um aparato de simulação de realidade virtual e realiza um passeio por um mundo surpreendente, cósmico. Aqui, precisamos de pouco movimento, o que caracteriza a experiência como a antítese do videogame. Ao terminar a viagem, esperamos a hora de reencarnar novamente.

Figura 6.8 – *Osmose*, de Char Davies

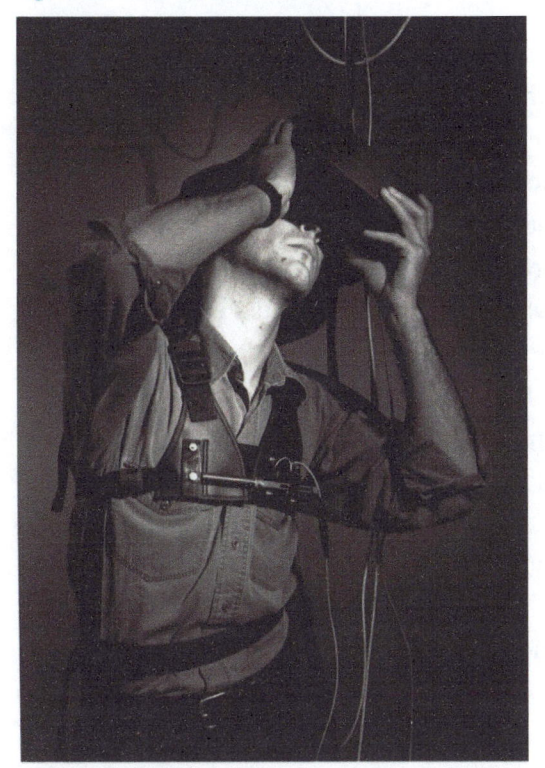

DAVIES, Char. **Osmose**. 1995. Immersant wearing a stereoscopic HMD (head-mounted display) and breathing/balance interface vest.

Figura 6.9– *Osmose*, de Char Davies

DAVIES, Char. **Osmose**. 1995. Roots, Rocks, and Particle Flow in the Under-
-Earth, (1995). Digital still captured in real-time through HMD (head-mounted display).

Síntese

O crítico Arthur Danto encabeça o capítulo com suas reflexões a respeito da arte contemporânea. Para ele, depois do modernismo, as artes visuais não apresentam uma unidade estilística e essa é justamente sua principal característica. A discussão se desdobra em uma pequena reflexão sobre *performance* e corpo na arte. A *performance* é geralmente caracterizada por uma ação ao vivo do artista, vista por um público, em um tempo e um espaço específicos. Alguns deles utilizam o corpo como suporte da arte, frequentemente para ultrapassar os limites físicos, transgredir barreiras, chocar, reatar arte e vida. O artista sente que a única coisa que lhe pertence é o corpo, por isso o transfigura em obra de arte.

Outros artistas propõem obras que sejam provocações a respeito do significado da arte, enfatizando mais o conceito e menos o objeto artístico concreto. Essa tendência se alinha à arte conceitual da década de 1960, na qual os artistas rejeitavam o tradicional objeto de arte, substituindo-o pela ênfase nas ideias. Anos antes da arte conceitual, já não era simples distinguir entre o que era arte e o que não era. Danto, que refletiu sobre isso, verificou que, para descobrir o que é arte, é preciso voltar-se da experiência dos sentidos para a do pensamento. A arte nos convida a uma consideração intelectual.

O objeto utilizado para analisarmos essas mudanças na arte foi a escultura. Em um dos itens, a escultura contemporânea apresentada sugere a dificuldade em determinar se ela é uma escultura ou um desenho, o que demonstra que, possivelmente, as fronteiras das modalidades tradicionais de arte não mais estão nítidas. Em outro item, ela aparece com seus monumentos, como inspiradora de outras intervenções urbanas a exemplo do *site specific* – que é um trabalho artístico planejado para figurar em um lugar predeterminado – e do *graffiti*.

O *graffiti* é uma forte tendência que tem tomado conta das grandes cidades. O artista de rua quer a arte ao alcance de todos, fora dos lugares expositivos tradicionais. O famoso grafiteiro inglês Banksy foi citado por exibir uma crítica extremamente ácida e bem-humorada às conformações da sociedade atual e por ter um reconhecimento internacional unânime.

O encerramento do capítulo ficou a cargo das obras que mesclam tecnologia e arte. Os trabalhos demonstram que o artista capta o espírito de seu tempo e utiliza a tecnologia disponível em sua época para executá-los. Para Arlindo Machado, agora, a obra nasce a partir do trabalho cognitivo do artista.

Atividades de autoavaliação

1. De acordo com as opiniões do crítico Arthur Danto, é correto afirmar:
    a) Em nosso momento histórico a arte acabou.
    b) Os artistas atuais dispõem de pouca liberdade para criar seus trabalhos.
    c) A arte indiscutivelmente mais importante da atualidade é aquela que dialoga com as novas tecnologias.
    d) É difícil realizar uma análise a respeito da arte contemporânea, pois estamos muito próximos dela.

2. Classifique as afirmativas a seguir como verdadeiras (V) ou falsas (F):
    ( ) Na *body art*, a única coisa que pertencia ao artista era seu corpo, por isso ele o transfigurava em obra de arte.
    ( ) A arte conceitual mostra que a obra pode ser meramente um anúncio de algo, de uma ideia, ela não precisa se materializar.
    ( ) Mesmo na contemporaneidade, as fronteiras das modalidades tradicionais de arte, escultura, gravura, desenho, pintura, permanecem estanques.
    ( ) O *graffiti*, muitas vezes, é uma forma de denúncia de conformações da sociedade.

3. Sobre o público da arte contemporânea, é correto afirmar:
    a) Determinadas obras exigem do público mais do que a mera observação.
    b) Há trabalhos artísticos que o público pode manipular.
    c) O público pode até mesmo influenciar o desfecho do trabalho.
    d) A obra pode ser o processo e o público compartilha com o artista a responsabilidade da autoria do trabalho.

4. Assinale a alternativa que corresponde às modalidades de arte que foram criadas mais recentemente e são exploradas na contemporaneidade:
    a) Afresco, iluminuras, mosaico e vitral.
    b) *Performance*, *site specific*, instalação.

c) Pintura, desenho, escultura.
d) Ilustração, mosaico e escultura.

5. Analise as afirmativas e assinale a alternativa correta:
    I) A arte moderna tinha um sentido estilístico de difícil identificação, diferentemente da contemporânea.
    II) Na arte contemporânea, a tecnologia é uma ferramenta, uma extensão das habilidades do artista.
    III) Atualmente, o artista não precisa optar por uma única linguagem, a obra surge a partir de seu trabalho cognitivo.
    a) I e II estão incorretas.
    b) Somente I está incorreta.
    c) II e III estão incorretas.
    d) Nenhuma das alternativas é incorreta.

Atividades de aprendizagem

Questões para reflexão

1. Segundo o filósofo Arthur Danto (2006, p. 17), para descobrir o que é arte é preciso "voltar-se da experiência dos sentidos para a do pensamento". A arte nos convida a uma consideração intelectual. Dessa forma, observe atentamente a obra da artista brasileira Carina Weidle apresentada no início deste capítulo e faça uma leitura dela com base nessa afirmação de Danto.

2. Afirmamos, durante o capítulo, que muitos *sites specific* são criados para figurar fora de museus e galerias, o que democratiza a arte, pois a disponibiliza a pessoas que não frequentam museus, e também a dessacraliza, já que a aproxima do público. Pensando nisso, reflita sobre o acesso às formas de intervenção urbana, como o *graffiti*, em relação às obras que figuram nos grandes museus. Lembre-se, ainda, de que muitos veem o *graffiti* como poluição visual e desordem.

Atividade aplicada: prática

Escolha uma obra de arte realizada depois de 1960 e que, de preferência, seja da sua região ou localidade. Você deve escolhê-la por julgar que se trata de uma obra contemporânea. Faça uma análise dela, justificando por que a escolheu como um importante exemplar da arte contemporânea. Divulgue suas considerações junto ao registro fotográfico da obra para sua turma.

Considerações finais

A capacidade de ver a arte depende da percepção do indivíduo, que é cultural. Os historiadores também contam com ela quando constroem sua história da arte. Nesse processo, acabam excluindo obras e artistas, agrupando e generalizando quando nem sempre há homogeneidade. Portanto, é necessário ponderação para perceber que as questões não contempladas também podem ser problematizadas.

A história da arte registra acontecimentos artísticos com base na tradição clássica, seja para afirmá-la, seja para negá-la. Aqui, começamos justamente confrontando o olhar tradicional e o moderno, por meio da análise da obra de Gauguin. Esse artista, de formação clássica, buscou em outra cultura uma resposta à crise dos paradigmas tradicionais europeus. Seu interesse estava alinhado ao de outros artistas modernos. A tradição, questionada pelos modernistas, tem início com os gregos da Antiguidade Clássica, que criam um ideal de beleza, a imitação da realidade. Durante muito tempo, seus padrões estéticos foram tomados como ideais. De outro lado, na arte pré-colombiana do período, a ênfase era para as representações de poder e crenças misteriosas. A arte medieval europeia representava o poder da Igreja sobre seus seguidores e a dos povos latino-americanos compartilhava os mesmos propósitos.

Antes da ideia atual de arte, que remete ao Renascimento, houve a criação de padrões que foram reforçados pela historiografia. Séculos depois do classicismo grego, os preceitos artísticos da época foram retomados. Verificamos que a Renascença não promoveu uma completa ruptura com a arte medieval – é possível enxergá-la também como continuidade. Nesse período, foi agregado o propósito de dar à arte bases científicas; foi um momento de grandes descobertas em diferentes áreas do conhecimento. A constatação da predominância de obras religiosas no mesmo período, porém em locais distantes, inspirou o estudo da arte asteca (na atual Cidade do México), igualmente ligada à religião, aqui representada pelo estudo de um espantoso templo.

O desdobramento do Renascimento europeu é a escola barroca, que se diferencia conforme a localidade: nos países católicos, a predominância era de obras de cunho religioso; nos protestantes, o artista sobrevivia com os retratos. Rubens e Rembrandt ajudaram a caracterizar essas duas vertentes.

O barroco europeu coincidiu com o descobrimento das Américas e acabou sendo trazido para as colônias. No Brasil, Mestre Ataíde destaca-se com sua obra mais conhecida no teto da Igreja de São Francisco de Assis, em Ouro Preto, e nos revela a confluência entre o barroco importado e as tendências locais. O rococó, que deu sequência ao barroco, enfatizou o virtuosismo do artista, as temáticas mundanas. Porém, tendências classicistas e barrocas conviviam e, diante das opções disponíveis, o neoclassicismo foi escolhido como a corrente artística merecedora de ser ensinada nas academias de arte.

Na América Latina, a Igreja Católica passou a desempenhar um papel importante em uma sociedade colonial submetida à brutalidade e à privação e promoveu a fuga por meio da artesania, da manufatura, do fazer barroco. Logo, as academias de arte, disseminadas na Europa, chegaram às colônias, impondo padrões de gosto, estudo de obras-primas, retratos de temas majestosos e a manufatura de técnicas clássicas. O genuíno barroco latino foi suprimido.

No início do século XIX, o romantismo entra em cena na Europa. Foi a ocasião em que a arte apresentou tentativas de evasão com o utópico, o inconsciente fantástico, o misterioso, a infância, a natureza etc. As mudanças geradas pela revolução industrial e a rápida ascensão da burguesia contribuíram para o surgimento do espírito romântico. O surgimento da sociedade capitalista, a separação do Estado e da Igreja, os conflitos políticos marcaram a França do período. As consequências foram negativas e, não havendo motivos para belas utopias, floresceu a crueza do realismo, que rompeu com o idealismo romântico. A América Latina também caminhava para a modernidade e elegeu Buenos Aires como a principal vitrine, que na época lembrava a cobiçada Paris. Lá, artistas descontentes também promoviam formas de oposição à tradição e, assim, chocavam o público. Em Paris, surgiu Manet, o pintor da modernidade que enfatizava o elemento humano. De uma geração mais jovem, seus amigos, os impressionistas, promoveram uma revolução, fazendo surgir o primeiro movimento da arte moderna. O objetivo não era mais **o que pintar**, mas sim **como pintar**; a preocupação passou a ser com as características formais da pintura.

A partir daí, uma porção de outros movimentos de arte se sucederam; são as famosas vanguardas: o cubismo, o muralismo mexicano, o expressionismo alemão, as tendências abstratas, o futurismo italiano, o surrealismo, o dadaísmo. Estas, entre outras, enfatizavam a importância da concentração do artista na própria linguagem da arte, e não mais em funções extra-artísticas. Muitas eram profundamente transgressoras e descartavam mesmo os componentes mais caros à arte. Depois do modernismo, as artes visuais não mais apresentavam uma unidade estilística, sendo essa a principal característica da arte contemporânea. Qualquer coisa jamais feita pode ser feita agora na arte: *performances* em que o artista golpeia o próprio corpo, outras nem tão agressivas, provocações com ênfase no conceito, dispensando mesmo o objeto artístico concreto. Arthur Danto, crítico respeitado que refletiu sobre tais questões, concluiu que há necessidade de voltar-se da experiência dos sentidos para a do pensamento, se o propósito é acessar muitas das obras da contemporaneidade.

As fronteiras das modalidades tradicionais de arte não estão mais tão nítidas. Surgem o *site specific*, o *graffiti*, as obras que mesclam tecnologia e arte. "Aí começa a inevitável pergunta: Isto é arte? Não, senhoras e senhores, a arte é que é isto. Qualquer isto. Um isto problemático, reflexivo, que é necessário interrogar e decifrar." (Brito, 2005, p. 75). Eis a constatação do crítico de arte brasileiro Ronaldo Brito. A arte contemporânea aparenta ser muito menos passível de ser simplificada, classificada, pois rejeita esquemas formais ou conteúdos privilegiados – o que, aliás, também foi observado por Danto. Ela também não "sustenta a sedutora ingenuidade de matar a arte". A arte atual precisa ser estudada, problematizada como um objeto atravessado por interesses de todas as ordens. Ela luta por uma legitimação como saber específico, quer desempenhar uma tarefa própria e se diferenciar da política e da filosofia, por exemplo. "O lugar da arte é o radicalmente reflexivo." (Brito, 2005, p. 203, 211-212).

Referências

ADES, D. **Arte na América Latina**. São Paulo: Cosac & Naify, 1997.

AMORIM, S. De olho no Genesis. **Revista Planeta**, São Paulo, ano 45, n. 497, p. 7-9, abr. 2014. Entrevista. Disponível em: <http://www.revistaplaneta.com.br/de-olho-no-genesis/>. Acesso em: 26 nov. 2016.

ARAÚJO, A. **Ícones da dor e do silêncio**. Disponível em: <http://muvi.advant.com.br/artistas/m/maria_cheung/maria_cheung.htm>. Acesso em: 26 nov. 2016.

ARGAN, G. C. **Arte moderna**: do iluminismo aos movimentos contemporâneos. 4. ed. São Paulo: Companhia das Letras, 1992.

ARNHEIM, R. **Arte e percepção visual**: uma psicologia da visão criadora. São Paulo: Pioneira, 2002.

ÁVILA, A. (Org.). **Barroco**: teoria e análise. São Paulo: Perspectiva, 1997.

AXT, B. O anatomista Leonardo da Vinci. **Ciência Hoje**, 13 jul. 2012. Disponível em: <http://www.cienciahoje.org.br/noticia/v/ler/id/3497/n/o_anatomista_leonardo_da_vinci>. Acesso em: 30 nov. 2016.

BALEIRO, Zeca. **Bienal**. Intérprete: Zeca Baleiro. In: _____. Vô imbolá. São Paulo: MZA/Universal Music, 1999. Faixa 6.

BARDI, P. M. O transplante barroco. In: _____. **História da arte brasileira**. São Paulo: Melhoramentos, 1975.

BAUDELAIRE, C. **As flores do mal**. Tradução de Ivan Junqueira. Rio de Janeiro: Nova Fronteira, 1985.

BENJAMIN, W. **Charles Baudelaire**: um lírico no auge do capitalismo. São Paulo: Brasiliense, 1989.

_____. **Magia e técnica, arte e política**: ensaios sobre literatura e história da cultura. São Paulo: Brasiliense, 1994.

BOURDIEU, P. **As regras da arte**: gênese e estrutura do campo literário. São Paulo: Companhia das Letras, 1996.

BRITO, R. O moderno e o contemporâneo. In: LIMA, S. de (Org.). **Ronaldo Brito**. São Paulo: Cosac & Naify, 2005.

CANTON, K. **Corpo, identidade e erotismo**. São Paulo: M. Fontes, 2009a. (Coleção Temas da Arte Contemporânea, v. 1).

CANTON, K. **Da política às micropolíticas**. São Paulo: M. Fontes, 2009b. (Coleção Temas da Arte Contemporânea, v. 2).

_____. **Do moderno ao contemporâneo**. São Paulo: M. Fontes, 2009c. (Coleção Temas da Arte Contemporânea, v. 3).

_____. **Espaço e lugar**. São Paulo: M. Fontes, 2009d. (Coleção Temas da Arte Contemporânea, v. 4).

_____. **Narrativas enviesadas**. São Paulo: M. Fontes, 2009e. (Coleção Temas da Arte Contemporânea, v. 5).

_____. **Tempo e memória**. São Paulo: M. Fontes, 2009f. (Coleção Temas da Arte Contemporânea, v. 6).

CASA ANDRADE MURICY. **Exposição Otto Dix**: a obra gráfica dos anos vinte. Curitiba, 2002. Catálogo.

CHILVERS, I. **Dicionário Oxford de arte**. São Paulo: M. Fontes, 2007.

CHIPP, H. B. **Teorias da arte moderna**. São Paulo: M. Fontes, 1999.

CLARET, Martin (Coord.). **O pensamento vivo de Picasso.** São Paulo: Martin Claret, 1985. (Coleção O pensamento vivo).

COLI, J. Manet, o enigma do olhar. In: NOVAES, A. et al. **O olhar**. 2. ed. São Paulo: Companhia das Letras, 1989. p. 225-245.

CONSTRUINDO um império – os Astecas. History Channel. EUA, 2006. 45 min. Documentário. Disponível em: <https://www.youtube.com/watch?v=xOGoLpDG_CA>. Acesso em: 13 nov. 2016.

DANTO, A. C. **Após o fim da arte**: a arte contemporânea e os limites da história. São Paulo: Odysseus, 2006.

DEBRAY, R. **Vida e morte da imagem**: uma história do olhar no Ocidente. Petrópolis: Vozes, 1993.

DOMINGUES, D. (Org.). **A arte no século XXI**: a humanização das tecnologias. São Paulo: Ed. da Unesp, 1997.

DUPRAT, C. **Museu de Arte de São Paulo**: Assis Chateaubriand. Rio de Janeiro: Mediafashion, 2009. (Coleção Folha Grandes Museus do Mundo, v. 8).

DURAND, J. C. **Arte, privilégio e distinção**: artes plásticas, arquitetura e classe dirigente no Brasil – 1855-1985. São Paulo: Perspectiva, 1989.

ENCICLOPÉDIA ITAÚ CULTURAL. **Abstracionismo**. Disponível em: <http://enciclopedia.itaucultural.org.br/termo347/abstracionismo>. Acesso em: 28 nov. 2016a.

____. **Debret**. Disponível em: <http://enciclopedia.itaucultural.org.br/pessoa18749/debret>. Acesso em: 28 nov. 2016b.

____. **Gravura**. Disponível em: <http://enciclopedia.itaucultural.org.br/termo4626/gravura>. Acesso em: 28 nov. 2016c.

____. **Marinha**. Disponível em: <http://enciclopedia.itaucultural.org.br/termo330/marinha>. Acesso em: 13 nov. 2016d.

ENCUENTRO. **Los primeros modernos**. Programa de TV Huellas, Arte Argentino. 26 min. Disponível em: <http://www.encuentro.gov.ar/sitios/encuentro/programas/ver?rec_id=50913>. Acesso em: 27 nov. 2016a.

ENCUENTRO. **Retratos de la Independencia**. Mestizo: una história del arte latinoamericano, Cap. 4. Programa de TV. Disponível em: <http://www.encuentro.gov.ar/sitios/encuentro/programas/ver?rec_id=50936>. Acesso em: 27 nov. 2016b.

FERNANDES, R. Paisagens de Monet: elas existem. **Revista Casa e Jardim**, 28 maio 2013. Disponível em: <http://revistacasaejardim.globo.com/Revista/Common/0,,EMI80363-16939,00-JARDINS+DE+MONET+ELES+EXISTEM.html>. Acesso em: 19 nov. 2016.

FLAUBERT, G. **Madame Bovary**. Tradução de Araújo Nabuco. São Paulo: Abril, 1971. (Coleção Os Imortais da Literatura Universal).

FRANCASTEL, Pierre. **A realidade figurativa.** São Paulo: Perspectiva, 1993.

FRASCINA, F. et al. **Modernidade e modernismo**: a pintura francesa no século XIX. São Paulo: Cosac & Naify, 1998.

FRIEDLAENDER, W. **De David a Delacroix**. São Paulo: Cosac & Naify, 2001.

FUNDAÇÃO BIBLIOTECA NACIONAL. A França no Brasil. **Jean-Baptiste Debret, de um império a outro**. Disponível em: <http://bndigital.bn.br/francebr/debret.htm>. Acesso em: 28 nov. 2016.

GITAHY, C. **O que é graffiti**. São Paulo: Brasiliense, 1999.

GOMBRICH, E. H. **A história da arte**. Rio de Janeiro: LTC, 1999.

GUINSBURG, J. (Org.). **O romantismo**. São Paulo: Perspectiva, 1993.

GULLAR, F. Barroco, olhar e vertigem. In: NOVAES, A. et al. **O Olhar**. 2. ed. São Paulo: Companhia das Letras, 1988.

HAUSER, A. **História social da arte e da literatura**. São Paulo: M. Fontes, 2000.

HISTÓRIA DO MUNDO. **História do tango**. Disponível em: <http://www.historiadomundo.com.br/idade-contemporanea/historia-do-tango.htm>. Acesso em: 28 nov. 2016.

IGREJA São Francisco de Assis – Ouro Preto – Minas Gerais. Catolicismo Romano. Disponível em: <http://www.catolicismoromano.com.br/content/view/595/1/>. Acesso em: 13 nov. 2016.

ITAÚ CULTURAL. Disponível em: <http://www.itaucultural.org.br>. Acesso em: 26 nov. 2016.

KANDINSKY, W. São Paulo: Abril, 2011. (Coleção Folha Grandes Mestres da Pintura, v. 18).

LAMBERT, R. **A arte do século XX**. São Paulo: Círculo do Livro, 1981.

LENZ, M. H. A Buenos Aires do final do século XIX: a metrópole da belle époque argentina. **Revista Fênix**, ano 9, n. 1, p. 1-19, 2012.

LUSTOSA, I. **Imprensa, humor e caricatura**: a questão dos estereótipos culturais. Belo Horizonte: Ed. da UFMG, 2011.

MACHADO, A. **Máquina e imaginário**: o desafio das poéticas tecnológicas. São Paulo: Edusp, 1993.

MACHADO, L. G. **Barroco mineiro**. São Paulo: Perspectiva, 2003.

MAFRO – Museu Afro-Brasileiro da UFBA. **Material do professor**. Setor África: Projeto de atuação pedagógica e capacitação de jovens monitores. Salvador: Gensa, 2005. Disponível em: <http://www.mafro.ceao.ufba.br/>. Acesso em: 23 nov. 2016.

MAGALHÃES JÚNIOR, R. (Org.) **Antologia de Humorismo e Sátira.** Rio de Janeiro: Civilização Brasileira, 1957.

MELIM, R. **Performance nas artes visuais**. Rio de Janeiro: Zahar, 2008.

MENEZES, M. Quadros parisienses na obra poética de Baudelaire. **Revista Artcultura**, Uberlândia, v. 4, n. 4, jan./jun. 2002.

MICHELANGELO. São Paulo: Abril, 2011. (Coleção Folha Grandes Mestres da Pintura, v. 9).

MICHELI, M. de. **As vanguardas artísticas**. 20. ed. São Paulo: M. Fontes, 1991.

MNA – Museo Nacional de Antropologia do México. Disponível em: <http://www.mna.inah.gob.mx/index.html>. Acesso em: 25 nov. 2016.

MOMA – Museum of Modern Art. **Marina Abramovic**: the Artist is Present. 2010. Disponível em: <http://www.moma.org/calendar/exhibitions/964?locale=en>. Acesso em: 28 nov. 2016.

MNBA – Museu Nacional de Belas Artes. **Galeria de moldagens I e II**. Disponível em: <http://mnba.gov.br/portal/exibicoes/galeria-moldagens.html>. Acesso em: 13 nov. 2016.

MORAIS, F. Reescrevendo a história da arte latino-americana. In: BIENAL DE ARTES VISUAIS DO MERCOSUL, 1., 1997. Porto Alegre: Fundação Bienal de Artes Visuais do Mercosul, 1997. Catálogo. p. 12-20.

NÉRET, G. **Dalí**. Colónia: Taschen, 2002.

PERIGO, K. A contraditória arte de expor. In: ASSOCIAÇÃO NACIONAL DE PESQUISADORES EM ARTES PLÁSTICAS, 20., 2011, Rio de Janeiro. **Anais**... Rio de Janeiro: UFRJ, 2011. p. 1968-1981. Disponível em: <http://www.anpap.org.br/anais/2011/pdf/chtca/katiucya_perigo.pdf>. Acesso em: 27 nov. 2016.

_____. A imprescindível apreensão da arte. In: CONGRESSO INTERNACIONAL SESC-PE E UFPE DE ARTE/EDUCAÇÃO, 4., 2014, Recife. **Anais**... Recife: SESC-PE/UFPE, 2014.

_____. **Circuitos da arte**: a rua XV de Curitiba no fluxo artístico brasileiro (1940-1960). Tese (Doutorado em História) – Universidade Federal do Paraná, Curitiba, 2008.

_____. Tela contemporânea: links e baixa conectividade. In: VI FÓRUM DE PESQUISA CIENTÍFICA EM ARTE. Escola de Música e Belas Artes do Paraná. Curitiba 2008-2009. Disponível em: <http://www.embap.pr.gov.br/arquivos/File/Forum/anais-vi/17KatiuciaPerigo.pdf>. Acesso em: 13 jul. 2016.

_____. Na minha comunidade pinto e bordo à vontade: o ensino do graffiti. In: SEMINÁRIO INTERNACIONAL SOBRE CULTURA, IMAGINÁRIO E MEMÓRIA DA AMÉRICA LATINA, 2., 2009, Curitiba. **Anais**... Curitiba: UFPR, 2009.

PESSANHA, J. A. M. Humanismo e pintura. In: NOVAES, A. **Artepensamento**. São Paulo: Companhia das Letras, 1985. p. 19-41.

PEVSNER, N. **Academias de arte**: passado e presente. São Paulo: Companhia das Letras, 2005.

PICASSO, P. São Paulo: Abril, 2011. (Coleção Folha Grandes Mestres da Pintura, v. 6).

PIRES, B. F. **O corpo como suporte da arte**. São Paulo: Senac, 2005.

PROSSER, E. S. **Graffiti Curitiba**. Curitiba: Kairós, 2010.

REDAÇÃO BRAVO! Decamerão. **Educar para crescer**, Literatura, 21 out. 2011. Disponível em: <http://educarparacrescer.abril.com.br/leitura/decamerao-643986.shtml>. Acesso em: 28 abr. 2016.

REDAÇÃO SUPER. Os sofrimentos do jovem Werther. **Super Interessante**, Comportamento, Literatura, ago. 2005. Disponível em: <http://super.abril.com.br/comportamento/os-sofrimentos-do-jovem-werther>. Acesso em: 28 nov. 2016.

REUTERS. Feiura é mais divertida que beleza, diz Umberto Eco. **Folha de São Paulo**, Ilustrada, 11 out. 2007. Disponível em: <http://www1.folha.uol.com.br/folha/ilustrada/ult90u336030.shtml>. Acesso em: 28 abr. 2016.

RICHTER, H. **Dadá**: arte e antiarte. São Paulo: M. Fontes, 1993.

RIVERA, D. São Paulo: Abril, 1980. (Coleção Gênios da Pintura).

SALLES, C. **Larousse das civilizações antigas**. Paris: Larousse, 2008.

SANTANA, A. L. **Dom Quixote**. Infoescola. Disponível em < http://www.infoescola.com/livros/dom-quixote/>. Acesso em: 16 nov. 2016.

SCHWARCZ, L. M. **O sol do Brasil**. Nicolas-Antoine Taunay e as desventuras dos artistas franceses na corte de D. João. São Paulo: Companhia das Letras, 2008.

STANGOS,N. (Org.). **Conceitos da artemoderna**. Rio de Janeiro: J. Zahar, 2000.

VERSAILLES: o palácio, os jardins, os trianons. Paris: Éditions Artlys, 2003. Catálogo.

VISSIÈRE, L. Galeria: em busca do homem universal, uma seleção dos estudos de anatomia feitos por Leonardo. **Revista História Viva**, Especial Grandes Temas, n. 27, [S.d.].

WÖLFFLIN, H. **Conceitos fundamentais da história da arte**: o problema da evolução de estilos na arte mais recente. 4. ed. São Paulo: M. Fontes, 2006.

WOODFORD, S. **A arte de ver a arte**. Rio de Janeiro: Zahar, 1983.

____. ____. Rio de Janeiro: Campus, 1987.

Bibliografia comentada

ADES, D. **Arte na América Latina**. São Paulo: Cosac & Naify, 1997.

Pesquisadora britânica que viabilizou o primeiro curso de graduação e pós-graduação sobre artes visuais da América Latina em território inglês. A autora, nesse livro, fez um trabalho de fôlego louvável, apresentando um longo percurso sobre a arte latina e contribuindo para a criação de material de pesquisa em uma área em que as publicações são escassas.

ARGAN, G. C. **Arte moderna**: do iluminismo aos movimentos contemporâneos. 4. ed. São Paulo: Companhia das Letras, 1992.

Para Lorenzo Mami, em nota no livro de Argan, trata-se da história das reações e relações da arte diante de um sistema produtivo, de uma nova conjuntura, que vai se compondo e que, aos poucos, absorve a arte ou a expulsa. É uma combinação de ensaios, com profundas reflexões e capítulos inteiros sobre obras exemplares.

ARNHEIM, R. **Arte e percepção visual**: uma psicologia da visão criadora. São Paulo: Pioneira, 2002.

Clássico da bibliografia universal em que o autor aplica princípios da psicologia moderna no estudo da arte. Nele, transitam os vários elementos formais constituintes da obra de arte: equilíbrio, configuração, forma, desenvolvimento, espaço, luz, cor, movimento, dinâmica e expressão. Leitura indispensável para os estudantes de artes.

CHIPP, H. B. **Teorias da arte moderna**. São Paulo: M. Fontes, 1999.

O mérito do livro é reunir cartas, manifestos, manuscritos, entre outras fontes primárias criadas pelos artistas que compuseram a arte moderna. A maioria é transcrita na íntegra, o que faz com que o leitor mergulhe no momento em que os grandes modernistas criaram suas obras-primas.

DANTO, A. C. **Após o fim da arte**: a arte contemporânea e os limites da história. São Paulo: Odysseus, 2006.

> O consagrado norte-americano, crítico da arte contemporânea, apresenta aqui sua teoria de que houve duas grandes narrativas históricas que historicizaram a arte: uma abordou a arte enquanto representação, e a outra, a arte moderna. Dessa forma, ele defende que a contemporaneidade é o momento pós-histórico, ou seja, em que as grandes narrativas já não são suficientes para historicizar a profusão de estilos, obras e artistas recentes.

GOMBRICH, E. H. **A história da arte**. Rio de Janeiro: LTC, 1999.

> O consagrado historiador apresenta um percurso pela história da arte, respeitando a tradicional cronologia e apresentando as principais obras de cada período acompanhadas de análises. Trata-se de um livro cujo mérito é propiciar um encontro fascinante do leitor comum, ou mesmo do já iniciado, com uma abordagem didática desse universo.

HAUSER, A. **História social da arte e da literatura**. São Paulo: M. Fontes, 2000.

> O sociólogo faz uma reflexão aprofundada sobre a arte e a literatura de cada período artístico desde a Pré-História, apontando aspectos do contexto social de cada época que nos permitem conhecer não só obras, estilos e artistas, mas os fatores que provocaram seu aparecimento. Trata-se de um material riquíssimo, fundamentado em um conhecimento preciso de fontes e da literatura especializada.

STANGOS, N. (Org.). **Conceitos da arte moderna**. Rio de Janeiro: J. Zahar, 2000.

> Uma acertada reunião de artigos a respeito dos principais movimentos de arte moderna escritos por especialistas no estudo do tema selecionado. Leitura essencial para o estudante interessado no período.

Respostas

Capítulo 1

1. d
2. c
3. c
4. a
5. b

Capítulo 2

1. d
2. a, b, c
3. c
4. c
5. d

Capítulo 3

1. d
2. d
3. V, F, V, V
4. c
5. d

Capítulo 4

1. a
2. V, V, F, F
3. b
4. c
5. d

Capítulo 5

1. a, b, c, d;
2. F, F, F, V
3. d
4. V, V, F, F
5. E, I, I, E

Capítulo 6

1. d
2. V, V, F, V
3. a, b, c, d
4. b
5. b

Sobre a autora

Katiucya Perigo é professora adjunta de História da Arte da Escola de Música e Belas Artes da Universidade Estadual do Paraná (EMBAP/UNESPAR). Tem graduação em Educação Artística (1999) e mestrado em História (2003), no qual compôs a biografia de um artista plástico paranaense. Ambos foram cursados na Universidade Federal do Paraná (UFPR), onde também realizou o doutorado em História (2008). Na tese, estudou a constituição do meio artístico moderno, enfocando o campo das artes visuais. É membro associado da Associação Nacional dos Pesquisadores em Artes Plásticas (ANPAP) no Comitê de História, Teoria e Crítica de Arte.

Impressão:
Dezembro/2016

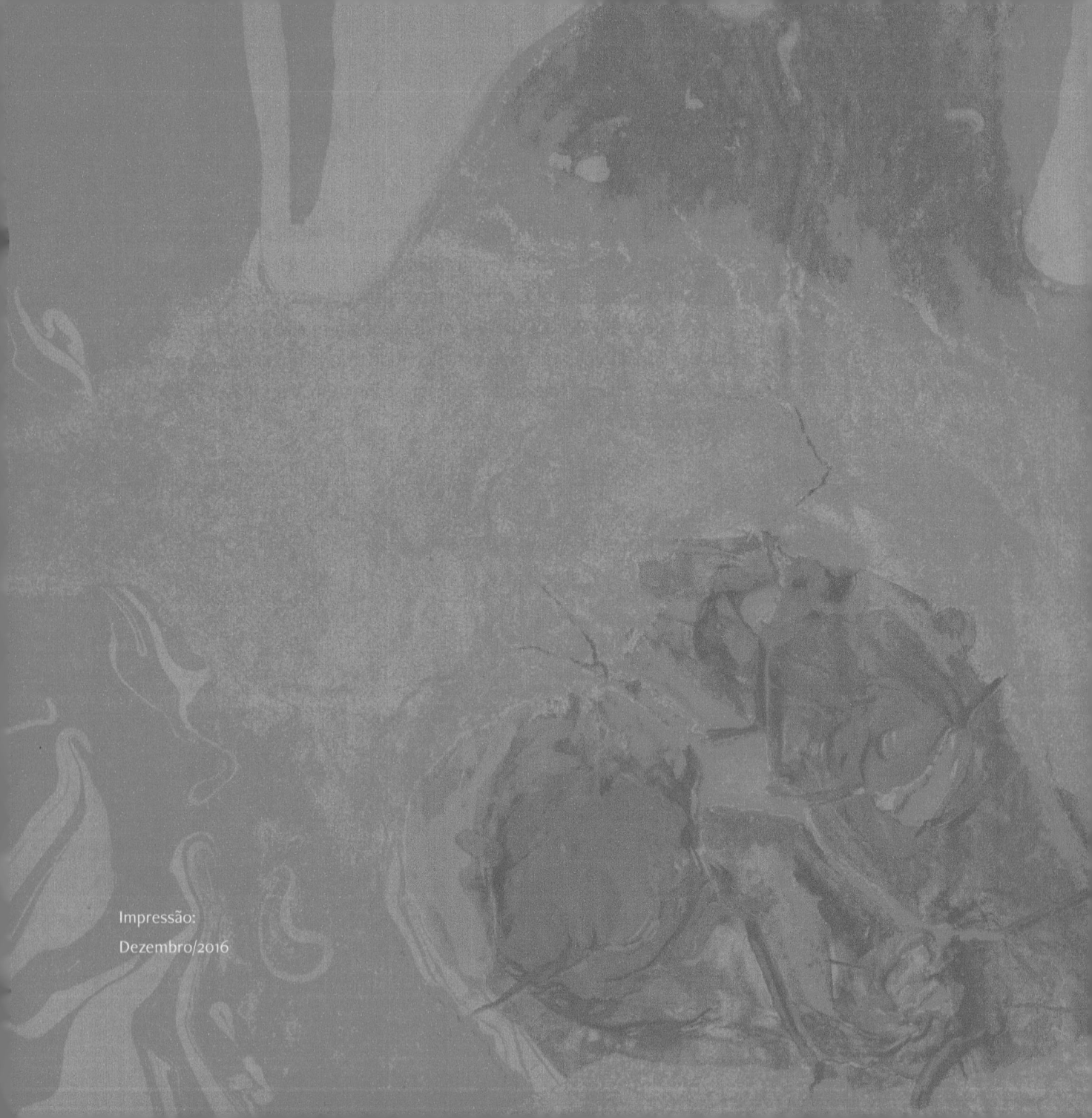